KB170667

하루 한 시간 두 달 완성~ 입에 착! 시험에 착!

착! 붙는 스페인어

독학 첫걸음

저 최윤국, 정호선

시사Books

머리말

오늘날 스페인어는 우리나라뿐만 아니라 세계적으로 중요해지고 있다. 모국어로 사용하는 국가만 해도 스페인을 비롯해 라틴아메리카의 많은 국가(과테말라, 니카라과, 도미니카공화국, 베네수엘라, 볼리비아, 아르헨티나, 엘살바도르, 에콰도르, 온두라스, 우루과이, 칠레, 코스타리카, 콜롬비아, 파나마, 파라과이, 페루 등)를 포함한다. 더욱이 미국 내 증가하는 히스패닉을 포함한다면 사용 인구는 약 6억 명에 달할 것으로 보인다.

점차적으로 우리나라의 문화, 무역 및 협력 부문에서 스페인어가 더욱 중요해지고 있다는 점은 스페인어를 공부하는 데 큰 이점이 될 수 있다. 우리나라와 라틴아메리카의 관계는 〈이민→외교→수출→수입→투자→협력→한류〉와 같이 빠르게 발전되고 있다. 또한 한해 전체 무역수지 흑자의 약 40%를 점유하는 라틴아메리카는 더더욱 중요해지고 있다. 전세계가 라틴아메리카를 대상으로 경제 협력을 전개하는 가운데 우리나라 역시 이 지역에서 경제적 영토를 확대하고 있는 실정이다. 최근 한류 붐까지 더해지고 있어 국가 및 기업브랜드 가치가 증가하고 있는데 라틴 민족성을 지닌 이들 국가와의 보다 친밀한 관계 개선을 위해서는 스페인어가 보다 중요한 소통의 도구가 되어야 한다.

이 책은 혼자서 스페인어를 공부하려고 하는 초급자를 위한 교재이다. 스페인어에 대한 재미를 느끼면서 학습할 수 있도록 구성하였다. 스페인에서 시작하여 라틴아메리카의 여러 나라들로 여행하는 주인공 Sumi를 중심으로 하여 실용적인 회화와 포인트가 되는 구문 및 문법을 다루었다. 이 책의 주인공 Sumi가 되어 실제로 스페인과 라틴아메리카를 여행하는 것처럼 공부를 한다면 자연스레 향상된 실력을 느낄 수 있을 것이다.

본 교재의 특성을 살펴보면

- 51가지 상황을 설정하여 실용적인 회화 구문을 중심으로 구성하였다.
- 스페인어의 승부는 동사 활용에서 결정되는데 동사를 활용한 예문을 풍부하게 실었다.
- 핵심문법은 꼭 필요한 부분만 제시함으로써 응용력을 더해 주었다.
- 대화 내용에 관련된 어휘와 문화를 확장시켜 구성함으로써 스페인어에 대한 재미뿐만 아니라 실용적인 내용까지 포함하였다.
- 스페인뿐만 아니라 라틴아메리카의 문화를 이해할 수 있다.
- 연습문제는 듣기, 읽기, 쓰기, 말하기 등 4영역으로 구분해 전반적인 측면에서 실력을 점검할 수 있으며 스페인어 공인인증시험 DELE A2 준비 과정으로도 손색이 없다.
- 다양한 동사 활용을 부록으로 수록하여 동사 중심의 문형을 공부할 수 있도록 하였다.

스페인어는 입문이 일단 쉽다. 일단 접해보고 활용해 보자. 시작이 반이다.

북한산을 바라보며, 저자 일동

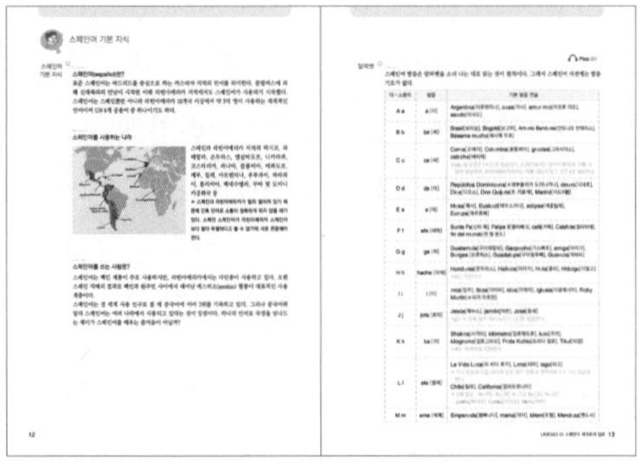

스페인어 기본 지식

스페인어를 배우기에 앞서 알아야 할 정보를 담았습니다. 스페인어 알파벳과 발음, 그리고 스페인어를 배우면서 기본적으로 알아 두어야 할 규칙 등을 설명해 두었습니다.

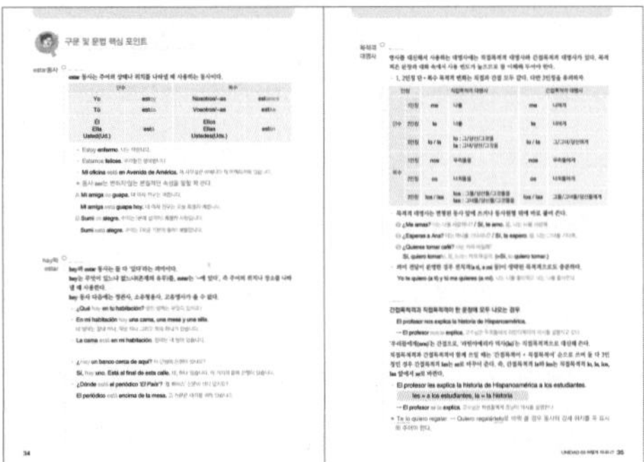

구문 및 문법 핵심 포인트

단원별로 배워야 할 구문 및 문법을 상세하게 설명하였습니다. 다양한 예문을 포함하여 혼자서도 쉽게 문법 공부를 할 수 있습니다. DELE A2 수준까지 다루고 있으므로 시험을 준비하기 위한 기초를 다지는 데도 적합합니다.

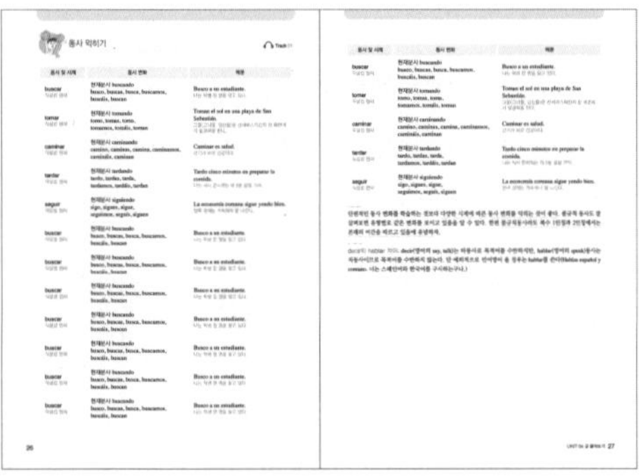

동사 익히기

스페인어에서 동사는 매우 중요합니다. 〈대화〉에서 다루어지는 동사를 미리 공부할 수 있도록 하였습니다. 주어와 시제에 따라 다양하게 변하는 동사를 예문을 통해 좀더 효과적으로 동사를 학습할 수 있습니다.

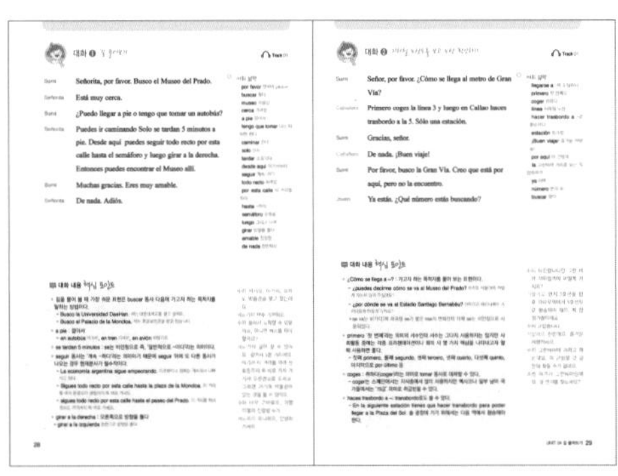

대화

단원별로 세 가지 대화를 구성하였습니다. 주인공 Sumi가 스페인에 도착한 것부터 시작하여 다양한 에피소드를 수록하였고, 스페인뿐만 아니라 라틴아메리카를 배경으로 한 〈대화〉도 구성하여 실제로 여행하면서 사용할 수 있는 표현을 배울 수 있습니다.

연습 문제

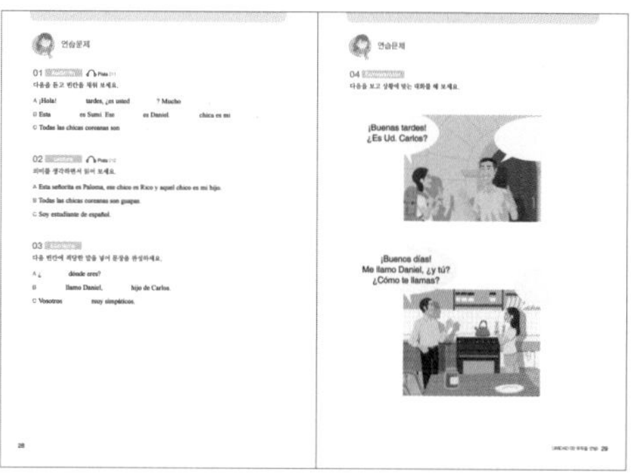

듣기, 읽기, 쓰기, 말하기 등 4가지 영역의 문제를 모두 다루어 한 단원이 끝날 때마다 스스로 실력을 점검해 볼 수 있도록 하였습니다. 듣기와 읽기는 제공되는 CD로 들으면서 연습할 수 있습니다.

어휘 익히기

앞에서 다룬 주제와 관련된 어휘를 확장하여 실용적인 어휘를 수록하였습니다.

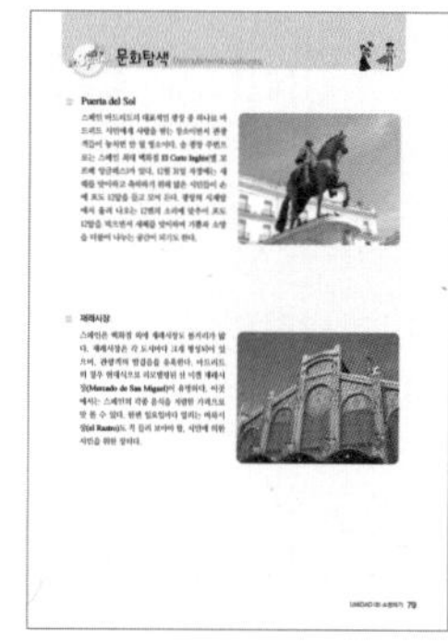

문화 탐색

스페인과 라틴아메리카의 문화, 역사, 음식 등을 포함한 문화를 폭넓게 다루어 스페인어를 공부하는 데 흥미를 돋워 줍니다.

동사 활용 예문

본문에서 다룬 동사 중에서 엄선하여 동사 활용 예문을 수록하였습니다. 스페인어 실력의 완성은 동사로 이루어지는 것인 만큼 동사를 확실하게 익힐 수 있도록 부록에 별도로 정리해 놓아 동사 활용을 익힐 수 있도록 하였습니다.

MP3 Streaming

본문 〈대화〉와 〈연습 문제〉의 듣기와 읽기 부분의 음성 녹음 파일을 담았습니다. 〈대화〉는 '한 마디씩 읽기'와 '전체 읽기'로 두 번 들을 수 있습니다. 음성 파일을 들으면서 좀더 확실하게 스페인어 발음에 익숙해질 수 있고 청취 실력도 향상될 것입니다.

목차

학습 구성표

PLAN	UNIDAD		문법 핵심 포인트	대화 내용	학습 내용	문화 탐색
1 주차	01	스페인어 세계로의 입문	- 스페인어 기본 지식 - 알파벳 - 스페인어 발음 규칙 - 스페인어 문장			
	02	모두들 안녕!	- ser 동사 - llamarse - 지시형용사	– 인사 나누기 – 다니엘과의 첫만남 – 가족들과 인사	- Me llamo Sumi. - Este chico es español.	– 인사 나누기 – 스페인 이름
2 주차	03	어떻게 지내니?	- estar 동사 - estar와 hay - 목적격 대명사	– 아침 인사 나누기 – 하는 일 묻고 답하기 – 방문 약속하기	- ¿Cómo estás? - ¿En qué trabajas? - ¿Trabajas o estudias? - Es fácil llegar.	가우디 건축
	04	길 물어보기	- 의무를 나타내는 표현 - 의문사 - 현재분사	– 길 물어보기 1 – 지하철 노선 확인하기 – 길 물어보기 2	- tener que / hay que / deber + 동사 - Voy a ir ~ - ¿Cómo se llega a ~? - Quiero ir a ~	- 스페인 길 찾기 - ¿Por qué no te callas? - Porque te vas
	05	어학 코스 등록하기	- se 용법 - 소유형용사 - 시간 표현	– 어학원 등록하기 – 등록 후 수업 확인하기 – 교실에서 인사하기	- Me matriculo en un curso ~. - Mi casa está ~. - ¿Qué hora es?	
3 주차	06	쇼핑하기	- saber와 conocer 동사 - 부정어	– 쇼핑과 먹거리 추천하기 – 옷 가게에서 옷 입어 보기 – 옷 구입하기	- Sé dónde está ella. - Conozco a María. - ¿Hay alguien en casa?	- Puerta del Sol - 재래시장
	07	레스토랑 에서	- gustar 동사 - 재귀 동사	– 전통적인 레스토랑에 가기 – 음식 주문하기 – 식사하면서 좋아하는 것 말하기	- Me gusta el café. - Tráigame el menú, por favor. - Voy a llevarlo en seguida.	- 스페인 레스토랑 코스 - 스페인의 식사 시간
4 주차	08	봄, 여름, 가을 그리고 겨울	- 날씨 표현 - 날짜 표현	– 기후에 대해 이야기 하기 – 등산 모임 약속하기 – 친구에게 편지 쓰기	- Hace mucho calor. - Mi mes favorito es mayo. - Estamos en enero. - Hoy es lunes. - Estamos a 18.	- 스페인의 기후 - 편지 쓰기
	09	마드리드 구경	- 단순과거 - 미래	– 마드리드 투어 소개 – 마드리드 시티투어 버스 타기 – 마드리드 나들이	- Estudié anoche con Juan. - Comeré mañana paella.	마드리드의 역사와 문화

PLAN	UNADAD		문법 핵심 포인트	대화 내용	학습 내용	문화 탐색
4 주차	10	똘레도에 가다	- 현재완료 - 수동태	– 똘레도 여행에 대해 의논하기 – 똘레도 거리의 유적 둘러보기 – 똘레도 여정에 대해 이야기하기	- Es construido por ~. - Ya he leído ‘Don Quijote’	똘레도
5 주차	11	산띠아고 가는 길	- 불완료과거 - 전치사 para, por	– 가족에게 여행 알리기 – 산띠아고 순례길 경험 말하기 – 생일 파티에서	- Yo iba a la UCM entonces. - Trabajo para vivir. - Luchamos por la patria.	산띠아고 순례길
	12	여행사에서 티켓팅	- 명령형 - 직설법 가정미래	– 멕시코행 비행기표 발권하기 – 공항 카운터에서 수속 – 출국 검색대를 통과하면서	- Dámelo. - ¿Qué hora sería?	
6 주차	13	멕시코로 향하다	- 지시대명사 - 비교급	– 멕시코행 비행기 안에서 – 입국심사대에서 – 공항 클레임 센터에서	- Esta es la mesa. - José es más alto que Jorge.	멕시코 소깔로 광장
	14	호텔 체크인	- 기수와 서수 - tener + 과거분사 구문	– 호텔 체크인하기 – 멕시코 친구에게 도착 알리기 – 호텔 조찬 뷔페	- Está en el segundo piso. - Tengo escritas dos cartas.	멕시코 음식
7 주차	15	병원에서	- 관계대명사 - doler 용법	– 병원 예약하기 – 의사에게 진료받기 – 처방전을 갖고 약국에 가기	- Tengo una hermana que tiene 22 años. - Me duele el brazo.	멕시코의 마야 문명
	16	아르헨티나 에서	- 미래완료	– 아사도 먹으러 가기 – 탱고의 멋과 맛에 취해 보기 – 아르헨티나의 엘 클라시코 축구 경기	- Ella ya habrá terminado la tarea para mañana.	
8 주차	17	칠레에서	- 접속법 현재	– 포도주의 나라 칠레 – 광산물의 나라 칠레 – 칠레 산띠아고에서 아히아꼬 먹기	- Espero que estudies mucho. - Tengo tantos libros como tú.	칠레의 포도주
	18	페루와 콜롬비아	- 감탄문 - si 가정문 - 직접·간접화법	– 잉카의 혼이 어려 있는 페루에 도착 – 커피향이 가득한 나라, 콜롬비아 – 한국행 탑승을 앞두고	- ¡Qué cultura tan interesante! - Si yo fuera tú, lo haría.	페루의 문화
부록	연습문제 정답 동사의 시제 변화 동사 활용 예문					

UNIDAD 01
스페인어 세계로의 입문
Introducción al mundo español

핵심 포인트

- □ 스페인어 기본 지식
- □ 알파벳
- □ 스페인어 발음 규칙
- □ 스페인어 문장

스페인 마드리드

스페인어 기본 지식

스페인어 기본 지식

스페인어(español)란?

표준 스페인어는 마드리드를 중심으로 하는 까스띠야 지역의 언어를 의미한다. 콜럼버스에 의해 신대륙과의 만남이 시작된 이래 라틴아메리카 지역에서도 스페인어가 사용되기 시작했다. 스페인어는 스페인뿐만 아니라 라틴아메리카 18개국 이상에서 약 5억 명이 사용하는 세계적인 언어이며 UN 6개 공용어 중 하나이기도 하다.

스페인어를 사용하는 나라

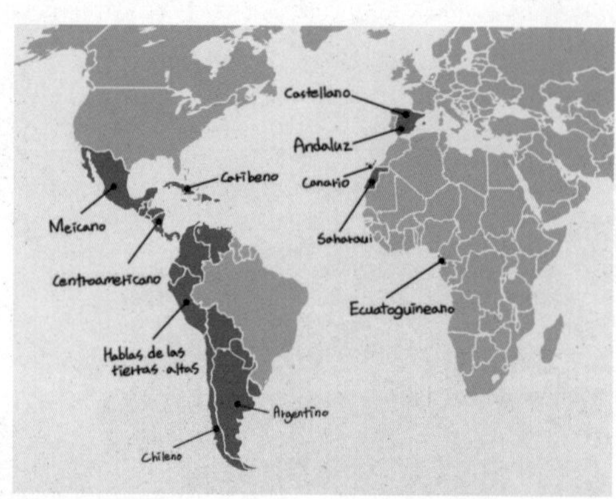

스페인과 라틴아메리카 지역의 멕시코, 과테말라, 온두라스, 엘살바도르, 니카라과, 코스타리카, 파나마, 콜롬비아, 에콰도르, 페루, 칠레, 아르헨티나, 우루과이, 파라과이, 볼리비아, 베네수엘라, 쿠바 및 도미니카공화국 등

※ 스페인과 라틴아메리카가 멀리 떨어져 있기 때문에 간혹 단어로 소통이 정확하게 되지 않을 때가 있다. 스페인 스페인어가 라틴아메리카 스페인어보다 절대 우월하다고 볼 수 없기에 서로 존중해야 한다.

스페인어를 쓰는 사람은?

스페인어는 백인 계통이 주로 사용하지만, 라틴아메리카에서는 다인종이 사용하고 있다. 오랜 스페인 지배의 결과로 백인과 원주민 사이에서 태어난 메스띠소(mestizo) 혈통이 대표적인 사용 계층이다.

스페인어는 전 세계 사용 인구로 볼 때 중국어에 이어 2위를 기록하고 있다. 그러나 중국어와 달리 스페인어는 여러 나라에서 사용되고 있다는 것이 장점이다. 하나의 언어로 국경을 넘나드는 재미가 스페인어를 배우는 즐거움이 아닐까?

Pista 001

알파벳

스페인어 발음은 알파벳을 소리 나는 대로 읽는 것이 원칙이다. 그래서 스페인어 사전에는 발음 기호가 없다.

대 • 소문자	발음	기본 발음 연습
A a	a [아]	Argentina[아르헨띠나], casa[까사], amor mío[아모르 미오], asado[아사도]
B b	be [베]	Brasil[브라실], Bogotá[보고따], Antonio Banderas[안또니오 반데라스], Bésame mucho[베사메 무초]
C c	ce [쎄]	Corea[꼬레아], Colombia[꼴롬비아], gracias[그라시아스], cebiche[쎄비체] *ce, ci 발음은 [ㅆ]으로 발음된다. 스페인에서는 영어의 th[θ]로 혀를 내밀며 발음하며, 라틴아메리카에서는 혀를 내밀지 않고 강한 s로 발음한다.
D d	de [데]	República Dominicana[ㄹ레뿌블리까 도미니까나], dinero[디네로], Dios[디오스], Don Quijote[돈 끼호떼], Madrid[마드리읻]
E e	e [에]	Mesa[메사], Euskadi[에우스까디], eclipse[에끌립세], Europa[에우로빠]
F f	efe [에페]	Santa Fe[산타 페], Felipe II[펠리뻬 II], café[까페], fin del mundo[퓐델 문도]
G g	ge [헤]	Guatemala[구아떼말라], Gazpacho[가스빠초], amiga[아미가], Borges [보르헤스], Guadalupe[구아달루뻬], Guevara[게바라]
H h	hache [아체]	Honduras[온두라스], Hallaca[아야까], Hola[올라], Hidalgo[이달고] *h는 묵음이다.
I i	i [이]	Inca[잉까], Ibiza[이비싸], idea[이데아], iglesia[이글레시아], Ricky Martin[ㄹ리끼 마르띤]
J j	jota [호따]	Jesús[헤수스], jamón[하몬], José[호세] *j는 목 안쪽 깊은 데서 나오는 [ㅎ]로 발음한다.
K k	ka [까]	kilómetro[낄로메뜨로], kaki[까끼], kilogramo[낄로그라모], Frida Kahlo[프리다 깔로], *K는 외래어에 국한된다.
L l	ele [엘레]	La Vida Loca[라 비다 로까], Lima[리마], lago[라고] * 'l'이 모음과 모음 사이에 있을 경우 받침과 첫머리에 모두 [ㄹ] 발음을 한다. Chile[칠레], California[깔리포르니아] * Ll/ll 발음 : lla-[야], lle-[예], lli-[이], llo-[요], llu-[유] paella[빠에야], Callao[까야오], llama[야마]
M m	eme [에메]	Empanada[엠빠나다], mamá[마마], tótem[또뗌], Mendoza[멘도사]

대 • 소문자	발음	기본 발음 연습
N n	ene [에네]	nano[나노], Noche Buena[노체 부에나], sangría[상그리아], Flamenco[플라멩꼬]
Ñ ñ	eñe [에녜]	España[에스빠냐], El Niño[엘 니뇨], La Niña[라 니냐]
O o	o [오]	Puerta del Sol[뿌에르따 델 솔], Olé[올레], Copa Mundial[꼬빠 문디알]
P p	pe [뻬]	Pisco[삐스꼬], Perú[뻬루], Panamá[빠나마], Paraguay[파라구아이], el Papa[엘 빠빠]
Q q	cu [꾸]	Quito[끼또], quizás[끼사스], te quiero[떼 끼에로], Quién será[끼엔 세라], Quijote[끼호떼], Tequila[떼낄라]
R r	ere [에레]	① 단어의 처음에 오거나 'l, n, s' 뒤에 오면 혀를 한 번 더 굴려 [ㄹㄹ]로 발음한다. rosa[ㄹ로사], rama[ㄹ라마], Enrique[엔ㄹ리께] ② 단어의 중간에 오면 [ㄹ]로 발음한다. caro[까로], pero[뻬로], arepa[아레빠] * rr는 단어의 중간에 오며 항상 [ㄹㄹ]로 혀를 한 번 더 굴려 발음한다. carro[까ㄹ로], perro[뻬ㄹ로], arroz[아ㄹ로쓰]
S s	ese [에세]	Salud[살룯], siesta[시에스따], sí[씨], Seúl[세울], Santiago[산띠아고], Simón Bolívar[시몬 볼리바르]
T t	te [떼]	Tango[땅고], taco[따꼬], tortilla[또르띠야], mate [마떼]
U u	u [우]	Uruguay[우루구아이], universidad[우니베르시닫], uva[우바], uña de gato[우냐 데 가또]
V v	uve [우베]	Venezuela[베네수엘라], visión[비시온], vamos[바모스]
W w	uve doble [우베 도블레]	Wagner[(와)바그네르], Washington[와싱똔], whisky(güisqui)[위스끼] * 외래어에 국한되므로 외래어 발음에 따라 강세를 둔다.
X x	equis [에끼스]	examen[엑사멘], boxeo[복세오], xilófono[실로포노], México[메히꼬] * 발음이 [ks], [gs], [s], [ㅎ] 등 다양하게 나타난다.
Y y	ye [예] / (구)I griega [이 그리에가]	Yucatán[유까딴], Tú y yo[뚜 이 요], Maya[마야]
Z z	zeta [쎄따]	Cuzco[꾸스꼬], zona[쏘나], Azteca[아쓰떼까], zapato[싸빠또], pieza[삐에싸] * z 발음은 ce, ci처럼 스페인에서는 영어의 th[θ]로 혀를 내밀어서 발음하며, 라틴아메리카에서는 혀를 내밀지 않고 강한 s로 발음한다.

스페인어 발음 규칙

기본적으로 그대로 발음하면 된다. 그러나 좀 더 정확하게 발음하기 위해 몇 가지 법칙만 살펴보자.

- 스페인어 글자는 27개로 5개의 모음(a, e, i, o, u)과 22개의 자음으로 구성되어 있다.
- 5개의 모음 중 a, e, o는 열린 모음(강모음)이라 하고, i, u는 닫힌 모음(약모음)이라 한다.
- 스페인어 발음을 정확하게 하기 위해서는 먼저 음절분해와 강세 위치를 잘 이해해야 한다.
- 기본 음절 규칙은 모음과 모음을 기준으로 구분하는 것이며, 모음으로 끝나는 단어는 끝에서 두 번째 음절의 모음에 강세가 온다.
  tor-ti-lla, o-li-vo, pro-tes-tan-te
- 자음 n, s로 끝나는 단어는 끝에서 두 번째 음절의 모음에 강세가 온다.
  lu-nes, i-ma-gen, gra-tis
- n, s를 제외한 나머지 자음으로 끝나는 단어는 마지막 모음에 강세가 있다.
  pas-tor, pro-fe-sor, es-pa-ñol
- 규칙에 어긋나는 예외적인 경우 강세가 표시된 단어가 있다.
  can-ción, o-ra-ción, ca-tó-li-co

주의

- 이중모음은 한 모음으로 취급하며, '열린 모음 + 닫힌 모음'은 열린 모음에 강세가 놓인다.
  bai-le, au-ra, jue-ves
- '열린 모음 + 열린 모음'은 각각 독립된 음절로 다룬다.
  Co-re-a, te-a-tro, mu-se-o
- '닫힌 모음 + 닫힌 모음'은 뒤쪽 모음에 강세가 놓인다.
  hui-da, sui-za, rui-do
- 이중자음(bl, br, cl, cr, dr, fl, fr, gl, gr, pl, pr, tr)은 한 자음으로 간주하고 나누지 않는다.
  ha-blar, a-bra-zo, cli-ma, cre-ma, o-dre-rí-a, flor, frí-o, a-glo-me-ra-ción, glo-bo, a-pla-zar, pri-mo, cua-tro

스페인어 문장

주어-동사-목적어-보어/부사(구)

동사는 변화가 다양하다. 보통 문장에서 주어를 생략하기 때문에 동사 변화는 더욱 중요하다.

예 (Yo) Soy estudiante. 나는 학생입니다.

(Yo) Estoy contento. 나는 만족스럽습니다.

*soy는 '~이다'를 나타내는 ser 동사의 1인칭 변화이기 때문에 주어가 '나'임을 알 수 있으며, estoy는 '~있다'를 나타내는 estar 동사의 1인칭 변화이기 때문에 '내'가 주어임을 알 수 있다. 인칭대명사는 강조하기 위한 경우를 제외하고는 일반적으로 생략한다.

성/수

모든 명사는 남성과 여성으로 구분된다. 주로 -o로 끝나면 남성, -a로 끝나면 여성이다. 물론 예외도 있다.

- 남성 명사 : libro(책), metro(지하철), niño(소년)
- 여성 명사 : casa(집), plaza(광장), manzana(사과)

관사

정관사는 이미 정해져 있거나 개별적인 대상 또는 전체를 가리킬 때, 부정관사는 '하나의', '몇몇의'이라고 구체화시킬 때 사용된다.

	정관사		부정관사	
	단수	복수	단수	복수
남성	el	los	un	unos
여성	la	las	una	unas

*정관사는 영어의 the, 부정관사는 영어의 a/an와 같은 기능을 한다.

예 el amigo(친구), la idea(아이디어), 예외: la mano(손)

정관사 단수	정관사 복수	부정관사 단수	부정관사 복수
el libro (그) 책	los libros (그) 책들	un libro 어떤(한 권의) 책	unos libros (몇몇) 책들
la casa (그) 집	las casas (그) 집들	una casa 어떤(한 채의) 집	unas casas (몇몇) 집들

형용사

- 형용사는 보통 명사 다음에 오고 명사의 성 · 수에 일치되어야 한다.

el chico guapo 잘생긴 소년 - la chica guapa 예쁜 소녀

Seúl es una ciudad moderna. 서울은 현대적인 도시이다.

*형용사 moderno가 여성 명사 ciudad을 수식하므로 명사의 성 · 수에 일치시켜 moderna로 쓴다.

- 형용사는 보통 명사 뒤에 오지만 명사 앞에 놓여 주관적 · 추상적 의미를 나타낼 수 있다.

casa nueva 새 집

nueva casa 새로 이사한 집

niño pobre 가난한 아이

pobre niño 불쌍한 아이

복수형

명사를 복수형으로 만들려면 모음으로 끝나는 명사 뒤에는 s를, 자음으로 끝나는 경우는 es를 붙인다.

예 • la tapa → las tapas • el amigo → los amigos • el hotel → los hoteles

* 유의해서 보아야 할 복수 형태

❶ 복수형이 되면서 강세가 더해지는 경우

- el examen → los exámenes

❷ 단수의 강세가 복수형이 되면서 탈락하는 경우

- el jardín → los jardines

❸ z로 끝나는 명사는 복수형으로 만들 때 z를 c로 바꾸고 es를 붙인다.

- el lápiz → los lápices

❹ s로 끝나는 2음절 이상의 명사는 단 · 복수의 형태가 동일하다.

- el viernes → los viernes • el paraguas → los paraguas

❺ 본래 여성 명사이지만 a로 시작하고 첫 음절에 강세가 있는 경우에는 남성 관사를 쓰지만 복수형에서는 본래의 성으로 쓴다.

- el agua → las aguas • el aula → las aulas • el hada → las hadas

동사

스페인어 동사는 어미가 –ar, -er, -ir 3가지 형태로 끝난다.

hablar 말하다, comer 먹다, vivir 살다

모든 동사는 인칭과 수 그리고 직설법, 접속법, 시제에 따라 변한다. 규칙 동사가 있는 반면 불규칙 동사도 많다.

문장

스페인어 문장은 크게 평서문, 의문문, 감탄문으로 구성된다. 평서문은 대문자로 시작해서 마침표로 끝난다. 그러나 의문문과 감탄문은 문장을 시작할 때 부호를 거꾸로 쓰고, 끝날 때는 부호를 바로 쓴다.

- 평서문 : Yo hablo coreano. 나는 한국어를 말합니다.
- 의문문 : ¿Hablas coreano? 너는 한국말 하니?
- 감탄문 : ¡Qué bien hablas coreano! 너 어쩜 그렇게 한국말을 잘 하니!

연습문제

01 Audición Pista 002

01-1 다음을 듣고 정확하게 받아쓰세요.

A .... B .... C .... D ....

01-2 다음 단어를 듣고 성을 구분해 보세요. Pista 003

alumno	bueno	amiga
estudiante	rápido	bonita

02 Lectura Pista 004

다음 단어의 음절을 나누고 강세 위치를 표시한 후에 정확하게 발음해 보세요.

A estudiante　B universidad　C amigo　D agua

03 Escritura

03-1 다음 스페인 자판을 보고 상상 속으로 다음 단어를 쳐 보세요.

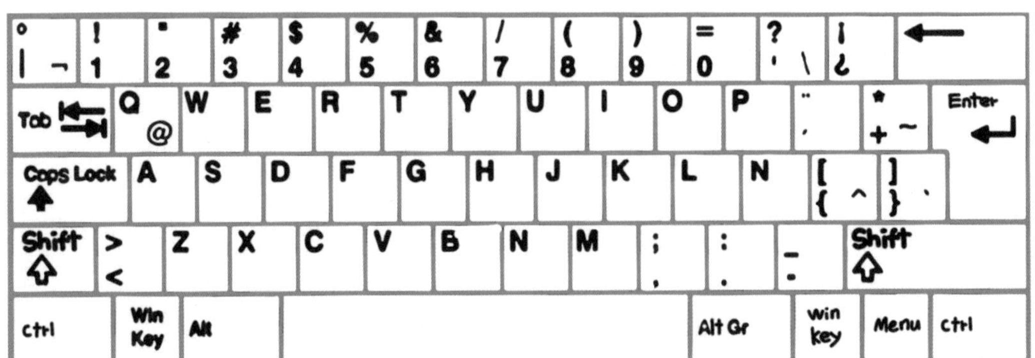

A Yo　B hablo　C español　D y coreano

E ¡Fantástico!　F ¿Hablas inglés?　G Seúl　H universidad

I Madrid　J El Niño　K bonita　L mapa

M ¿Qué tal?　N zoo　O whisky　P México

03-2 다음 주어진 표현을 복수형으로 바꿔 보세요.

A el lápiz nuevo →

B el profesor bueno →

C la maleta grande →

D la ventana abierta →

E un estudiante inglés →

04 Conversación

A 스페인에서 보편적으로 부르는 생일 축하 노래를 불러 봅시다.

Cumpleaños feliz 꿈쁠레아뇨스 펠리스

cumpleaños feliz 꿈쁠레아뇨스 펠리스

te deseamos todos 떼 데세아모스 또도스

cumpleaños feliz 꿈쁠레아뇨스 펠리스

B 세계적으로 널리 알려진 José Feliciano의 크리스마스 노래 가사입니다. 정확하게 발음하며 불러 봅시다.

Feliz Navidad 펠리스 나비닫

Feliz Navidad 펠리스 나비닫

Feliz Navidad 펠리스 나비닫

Próspero Año y felicidad 쁘로스뻬로 아뇨 이 펠리시닫

UNIDAD 02

모두들 안녕 !

¡Hola a todos!

핵심 포인트

- □ ser 동사
- □ llamarse
- □ 지시형용사

스페인 바르셀로나 구엘공원

구문 및 문법 핵심 포인트

ser 동사

ser는 '~이다'라는 의미로 '신분, 직업, 국적' 등 주어의 본질적인 특징을 표현할 때 사용한다.

주격 인칭대명사		ser 동사	주격 인칭대명사		ser 동사
나	Yo	soy	우리들 우리들(여성만)	Nosotros Nosotras	somos
너	Tú	eres	너희들 너희들(여성만)	Vosotros Vosotras	sois
그 그녀 당신	Él Ella Usted(Ud.)	es	그들 그녀들 당신들	Ellos Ellas Ustedes(Uds.)	son

- **Soy Sumi.** 저는 수미입니다.
- **Soy estudiante.** 저는 학생입니다.
- **Soy coreana, de Seúl.** 저는 한국(여자)사람이고 서울에서 왔습니다.

* ser는 영어의 be동사에 해당한다.

llamarse

재귀동사는 타동사에 재귀대명사 se가 붙어 주어의 행위 결과가 자신에게 되돌아가는 동사다. 재귀동사 llamarse 변화를 살펴보자.

Yo	me llamo	Carlos.	내 이름은 까를로스야.
Tú	te llamas	Bora	네 이름은 보라구나.
Él	se llama	Jorge.	그의 이름은 호르헤입니다.
Ella		Ana.	그녀의 이름은 아나입니다.
Ud.		Daniel.	당신의 이름은 다니엘입니다.
Nosotros	nos llamamos	David y Laura.	우리들의 이름은 다빋과 라우라입니다.
Vosotros	os llamáis	Pablo y Lucía.	너희들 이름은 빠블로와 루시아이구나.
Ellos	se llaman	Javier y Sara.	그들의 이름은 하비에르와 사라입니다.
Ellas	se llaman	Ana y Marta.	그녀들의 이름은 아나와 마르따입니다.
Uds.	se llaman	Daniel y José.	당신들의 이름은 다니엘과 호세군요.

지시 형용사

지시형용사는 수식하는 명사 앞에 위치하며, 수식하는 명사의 성과 수에 일치시킨다.

	este 이		ese 그		aquel 저	
	단수	복수	단수	복수	단수	복수
남성	este libro	estos libros	ese alumno	esos alumnos	aquel chico	aquellos chicos
여성	esta casa	estas casas	esa chica	esas chicas	aquella señorita	aquellas señoritas

- **Este/Ese/Aquel libro es interesante.** 이/그/저 책은 재미있다.
- **Esta/Esa/Aquella casa es bonita.** 이/그/저 집은 예쁘다.
- **Estos/Esos/Aquellos libros son interesantes.** 이/그/저 책들은 재미있다.
- **Estas/Esas/Aquellas chicas son guapas.** 이/그/저 소녀들은 예쁘다.
- **Este chico y esa chica son españoles.** 이 소년과 그 소녀는 스페인 사람들이다.

동사 익히기

□ ser

Yo	soy	una estudiante	de Corea, coreana.	나는 한국 학생입니다. 한국 사람(여성)입니다.
Tú	eres	un/a médico(~a)	de México, mexicano(a).	당신은 멕시코 의사군요, 멕시코 사람이네요.
Él Ella Ud.	es	un/a profesor(~a)	de España, español(~a).	그(그녀, 당신)는 스페인 교수입니다. 스페인 사람입니다.
Nosotros / Nosotras	somos	unos/unas estudiantes	de Brasil, brasileños(~as).	우리들은 브라질 학생입니다. 브라질 사람입니다.
Vosotros / Vosotras	sois	unos/unas médicos(~as)	de Argentina, argentinos(~as).	당신들은 아르헨티나 의사군요. 아르헨티나 사람이네요.
Ellos Ellas Uds.	son	unos/unas profesores(~as)	de Colombia, colombianos(~as).	그들(그녀들, 당신들)은 콜롬비아 교수입니다. 콜롬비아 사람입니다.

대화 ❶ 인사 나누기

🎧 한 마디씩 읽기 Pista 005 | 전체 읽기 Pista 006

	올라 부에나스 따르데스 에레스 수미?
Carlos	¡Hola! Buenas tardes, ¿eres Sumi?
	씨, 소이 수미 에스 우스뗀 까를로스
Sumi	Sí, soy Sumi, ¿es Ud. Carlos?
	씨, 소이 까를로스 엥깐따도
Carlos	Sí, soy Carlos. Encantado.
	무초 구스또
Sumi	Mucho gusto.
	데 돈데 에레스
Carlos	¿De dónde eres?
	소이 데 꼬레아 꼬레아나
Sumi	Soy de Corea, coreana.

어휘 설명

- sí 네
- Ud. 당신(usted의 약어)
- de dónde 어디로부터
- coreana 한국 여자

대화 내용 핵심 포인트

◆ 인사 표현
- Hola 안녕(마주칠 때마다 할 수 있는 인사)
- Buenos días 오전 인사
- Buenas tardes 오후 인사
- Buenas noches 저녁 인사

◆ encantado, mucho gusto : '처음 뵙겠습니다, 만나서 반갑습니다'의 의미로 encantado는 말하는 사람의 성 • 수에 맞춰 쓴다.

◆ ¿De dónde eres? : 너는 어느 나라 사람이니?
어느 나라 사람인지 국적을 물어볼 때 쓰는 표현이다.
- 수미의 경우 'Soy de Corea, coreana.'라고 답하고 있으며, 콜롬비아 여성이라면 'Soy de Colombia, colombiana.'라고 한다.

까를로스 안녕, 네가 수미니?
수미 네, 제가 수미입니다. 까를로스 씨인가요?
까를로스 그래, 내가 까를로스란다, 반갑구나.
수미 만나서 반갑습니다.
까를로스 어느 나라 사람이니?
수미 한국이요, 한국 사람입니다.

대화 ❷ 다니엘과의 첫만남

한 마디씩 읽기 Pista 007 | 전체 읽기 Pista 008

Daniel　올라 부에노스 디아스 끼엔 에레스
Hola, buenos días, ¿quién eres?

Sumi　부에노스 디아스 소이 수미 이 뚜
Buenos días. Soy Sumi, ¿y tú?

Daniel　메 야모 다니엘 소이 이호 데 까를로스 무초 구스또
Me llamo Daniel, soy hijo de Carlos. Mucho gusto.

Sumi　엥깐따다
Encantada.

Daniel　꾸알 에스 뚜 뜨라바호
¿Cuál es tu trabajo?

Sumi　소이 에스뚜디안떼 데 에스빠뇰
Soy estudiante de español.

어휘 설명

- hijo de ~의 아들
- Cuál 어떤 것, 어느 것(선택 의문사)
- trabajo 일, 직업
- estudiante de español 스페인어 배우는 학생

대화 내용 핵심 포인트

◆ ¿Quién eres? : 직역하면 '너는 누구니?'라는 의미이나, 대화에서는 이름을 물어보는 표현이다.

이름을 묻는 표현
❶ ¿Quién eres? / Soy Sumi.
❷ ¿Cómo te llamas? / Me llamo Sumi.
❸ ¿Cuál es tu nombre? / Mi nombre es Sumi.
＊ tú는 인칭대명사 '너', tu는 소유형용사 '너의'가 됨을 주의하자.

◆ 직업을 묻는 표현
❶ ¿Cuál es tu trabajo? 직업은 뭐야?
❷ ¿A qué te dedicas? 무슨 일에 종사하고 있어?
❸ ¿En qué trabajas? 어디에서 일해?
❹ ¿Cuál es tu profesión? 너의 직업이 뭐야?

다니엘 안녕, 이름이 뭐야?
수미 안녕, 내 이름은 수미야, 너는?
다니엘 내 이름은 다니엘이야, 까를로스의 아들이야, 반갑다.
수미 반가워.
다니엘 넌 직업이 뭐야?
수미 난 스페인어 배우는 학생이야.

대화 ❸ 가족들과 인사

한 마디씩 읽기 Pista 009 | 전체 읽기 Pista 010

부에노스 디아스 아 또도스 에스따 세뇨리따 에스 수미
Carlos Buenos días a todos. Esta señorita es Sumi.

무초 구스또
Sumi Mucho gusto.

에스따 세뇨라 에스 마리아 미 에스뽀사 에사 치까 에스 미 이하 아나 에스떼 치꼬 에스 다니엘
Carlos Esta señora es María, mi esposa. Esa chica es mi hija Ana, este chico es Daniel.

엥깐따도
Daniel Encantado.

수미 에레스 무이 구아빠 또다스 라스 꼬레아나스 손 구아빠스 꼬모 뚜
María Sumi, eres muy guapa. ¿Todas las coreanas son guapas como tú?

하하하 무차스 그라시아스 소이스 무이 심빠띠꼬스 이 아마블레스
Sumi Jajaja. Muchas gracias. Sois muy simpáticos y amables.

어휘 설명

- todos 모두
- señorita 아가씨 (영어의 Miss)
- señora 아주머니, 부인 (영어의 Mrs.)
- esposa 부인
- chico 소년
- chica 소녀
- hija 딸
- guapa 예쁜
- como ~처럼
- simpático 상냥한
- amable 친절한

대화 내용 핵심 포인트

◆ 동사 ser의 보어로 사용된 명사나 형용사는 주어의 성 • 수에 일치시켜야 함을 잊지 말자.

- Soy coreana. 나는 한국 사람(여성)입니다.
- Es simpática. 그녀는(당신은) 상냥합니다.
- Carlos es simpático y amable. 까를로스는 상냥하고 친절합니다.

까를로스 모두, 안녕. 이 아가씨는 수미야.
수미 만나서 반갑습니다.
까를로스 이 사람은 마리아이고 내 부인이야. 아가씨는 내 딸 아나이고, 이 녀석은 다니엘이야.
다니엘 만나서 반가워요.
마리아 수미야, 너 참 예쁘다. 모든 한국 여자는 너처럼 예쁘니?
수미 하하하. 대단히 고맙습니다. 모두 상냥하시고 친절하시네요.

연습문제

01 Audición   Pista 011

다음을 듣고 빈칸을 채워 보세요.

A ¡Hola! ________ tardes, ¿es usted ________? Mucho ________.

B Esta ________ es Sumi. Ese ________ es Daniel. ________ chica es mi ________.

C Todas las chicas coreanas son ________.

02 Lectura   Pista 012

의미를 생각하면서 읽어 보세요.

A Esta señorita es Paloma, ese chico es Rico y aquel chico es mi hijo.

B Todas las chicas coreanas son guapas.

C Soy estudiante de español.

03 Escritura

다음 빈칸에 적당한 말을 넣어 문장을 완성하세요.

A ¿________ dónde eres?

B ________ llamo Daniel, ________ hijo de Carlos.

C Vosotros ________ muy simpáticos.

연습문제

04 Conversación

다음을 보고 상황에 맞는 대화를 해 보세요.

어휘 익히기

#가족 (familia)

- abuelo 할아버지
- abuela 할머니
- padre 아버지
- madre 어머니
- hijo 아들
- hermano 형, 오빠, 남동생
- hermana 누이, 언니, 여동생
- primo(~a) 사촌
- sobrino 나

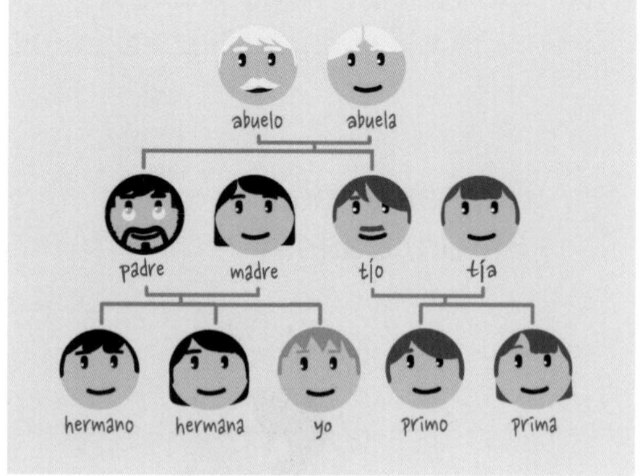

#국가명

국가명	스페인어 표기	형용사	수도	국가명	스페인어 표기	형용사	수도
스페인	España	español	Madrid	칠레	Chile	chileno	Santiago
한국	Corea	coreano	Seúl	아르헨티나	Argentina	argentino	Buenos Aires
멕시코	México	mexicano	Ciudad de México	베네수엘라	Venezuela	venezolano	Caracas
콜롬비아	Colombia	colombiano	Bogotá	구아떼말라	Guatemala	guatemalteco	Ciudad de Guatemala
페루	Perú	peruano	Lima	온두라스	Honduras	hondureño	Tegucigalpa

스페인

라틴아메리카

스페인 사람들과 인사할 때 가장 많이 쓰는 단어가 바로 Hola이다. Hola는 하루에도 수십 번씩 사용한다. Hola에 상대방 이름까지 덧붙여 주면 더욱 좋다. 예의를 갖추고 싶을 때는 Señor(Mr.), Señora(Mrs.), Señorita(Miss)를 성에 붙여서 사용한다.

스페인 사람의 이름을 보면 José Pérez Olivas와 같이 크게 3단위로 나뉘어 있다. 여기서 어느 것이 이름이고 어느 것이 성인지 구별하는 것은 정말 중요하다. José Pérez Olivas의 경우 이름은 José, 성은 Pérez, Olivas는 어머니 성이다. 즉 이름, 아버지 성, 어머니 성 순으로 나열된다. 따라서 영어의 Mr.에 해당하는 Señor(Sr.) Pérez가 되어야지 어머니 성을 붙이게 되면 결례이다. 그러나 나라에 따라 혹은 가족에 따라 표기하는 관습이 다를 수 있으므로 스페인 친구들과 만남에서는 이름, 아버지 성, 어머니 성 등을 잘 살펴보아야 한다.

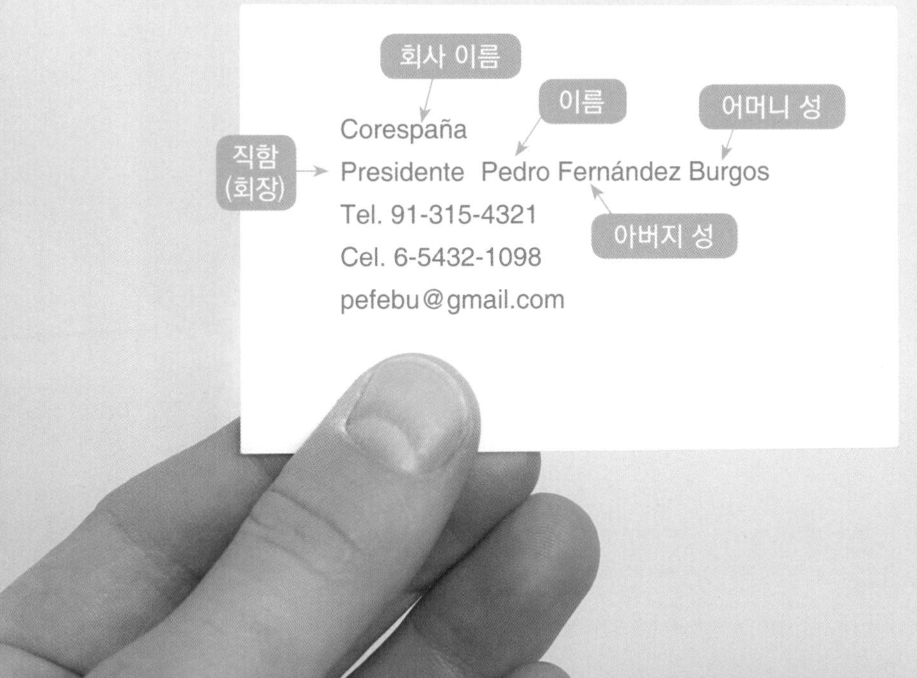

UNIDAD 03

어떻게 지내니?

¿Cómo estás?

핵심 포인트

- □ estar 동사
- □ hay와 estar
- □ 목적격 대명사

스페인 발렌시아

구문 및 문법 핵심 포인트

estar 동사

estar 동사는 주어의 상태나 위치를 나타낼 때 사용하는 동사이다.

단수		복수	
Yo	estoy	Nosotros/~as	estamos
Tú	estás	Vosotros/~as	estáis
Él Ella Usted(Ud.)	está	Ellos Ellas Ustedes(Uds.)	están

- Estoy enfermo. 나는 아픕니다.
- Estamos felices. 우리들은 행복합니다.
- Mi oficina está en la Avenida de América. 제 사무실은 아베니다 데 아메리까에 있습니다.

* 동사 ser는 변하지 않는 본질적인 속성을 말할 때 쓴다.

A Mi amiga es guapa. 내 여자 친구는 예쁩니다. (본질, 변하지 않는 속성)

Mi amiga está guapa hoy. 내 여자 친구는 오늘 예쁩니다. (오늘의 상태)

B Sumi es alegre. 수미는 (본래 성격이) 쾌활한 사람입니다. (본질, 변하지 않는 속성)

Sumi está alegre. 수미는 (지금 기분이 좋아) 쾌활합니다. (지금의 수미 상태)

hay와 estar

hay와 estar 동사는 둘 다 '있다'라는 의미이다.
hay는 무엇이 있느냐 없느냐(존재의 유무)를, estar는 '~에 있다', 즉 주어의 위치나 장소를 나타낼 때 사용한다.
hay 동사 다음에는 정관사, 소유형용사, 고유명사가 올 수 없다.

- ¿Qué hay en tu habitación? 네 방에는 무엇이 있니?
- En mi habitación hay una cama, una mesa y una silla.
  내 방에는 침대 하나, 책상 하나 그리고 의자 하나가 있습니다.
- La cama está en mi habitación. 침대는 내 방에 있습니다.

- ¿Hay un banco cerca de aquí? 이 근방에 은행이 있나요?
  Sí, hay uno. Está al final de esta calle. 네, 하나 있습니다. 이 거리의 끝에 있습니다.
- ¿Dónde está el periódico '*El País*'? '엘 빠이스' 신문이 어디 있지요?
  El periódico está encima de la mesa. 그 신문은 테이블 위에 있습니다.

목적격 대명사

명사를 대신해서 사용하는 대명사에는 직접목적격 대명사와 간접목적격 대명사가 있다. 목적격은 문장과 대화 속에서 사용 빈도가 높으므로 잘 이해해 두어야 한다.

- 1, 2인칭 단 • 복수 목적격 변화는 직접과 간접 모두 같다. 다만 3인칭을 유의하자.

인칭		직접목적격 대명사		간접목적격 대명사	
단수	1인칭	me	나를	me	나에게
	2인칭	te	너를	te	너에게
	3인칭	lo / la	lo : 그/당신/그것을 la : 그녀/당신/그것을	le / se	그/그녀/당신에게
복수	1인칭	nos	우리들을	nos	우리들에게
	2인칭	os	너희들을	os	너희들에게
	3인칭	los / las	los : 그들/당신들/그것들을 las : 그녀들/당신들/그것들을	les / se	그들/그녀들/당신들에게

- 목적격 대명사는 변형된 동사 앞에 쓰거나 동사원형 뒤에 바로 붙여 쓴다.

① **¿Me amas?** 너는 나를 사랑하니? / **Sí, te amo.** 응, 나는 너를 사랑해.

② **¿Esperas a Ana?** 너는 아나를 기다리니? / **Sí, la espero.** 응, 나는 그녀를 기다려.

③ **¿Quieres tomar café?** 너는 커피 마실래?
Sí, quiero tomarlo. 응, (나는) 커피 마실래. **(=Sí, lo quiero tomar.)**

- 의미 전달이 분명한 경우 전치격(a ti, a mí 등)이 생략된 목적격으로도 충분하다.

Yo te quiero (a ti) y tú me quieres (a mí). 나는 너를 좋아하고 너는 나를 좋아한다.

간접목적격과 직접목적격이 한 문장에 모두 나오는 경우

- El profesor nos explica la historia de Hispanoamérica.

→ **El profesor nos la explica.** 교수님은 우리들에게 라틴아메리카 역사를 설명하고 있다.

'우리들에게(nos)'는 간접으로, '라틴아메리카 역사(la)'는 직접목적격으로 대신해 쓴다.

직접목적격과 간접목적격이 함께 쓰일 때는 '간접목적어 + 직접목적어' 순으로 쓰며 둘 다 3인칭인 경우 간접목적격 les는 se로 바꾸어 준다. 즉, 간접목적격 le와 les는 직접목적격 lo, la, los, las 앞에서 se로 바뀐다.

- El profesor les explica la historia de Hispanoamérica a los estudiantes.

les = a los estudiantes, la = la historia

→ **El profesor se la explica.** 교수님은 학생들에게 중남미 역사를 설명한다.

* Te lo quiero regalar. → Quiero regalártelo로 바꿔 쓸 경우 동사의 강세 위치를 꼭 표시해 주어야 한다.

동사 익히기

estar 동사의 변화와 활용

Estoy	encantado de presentar la visión de la empresa.	나는 회사의 비전을 소개하게 되어 정말 기쁩니다.
Estás	en casa.	너는 집에 있다.
Está	bien.	그/그녀/당신은 잘 지냅니다.
Estamos	cansados(~as).	우리들은 피곤합니다.
Estáis	en la clase.	너희들은 강의실에 있습니다.
Están	en el metro.	그들/그녀들/당신들은 지하철에 있습니다.

직설법 현재 변화는 규칙동사와 불규칙 동사로 구분된다.

ㅁ 동사 익히기

동사	동사 변화	예문
trabajar 일하다	trabajo, trabajas, trabaja, trabajamos, trabajáis, trabajan	Trabaja en Barcelona. 그(그녀, 당신)는 바르셀로나에서 근무한다.
estudiar 공부하다	estudio, estudias, estudia, estudiamos, estudiáis, estudian	Estudio español. 나는 스페인어를 공부한다.
llegar 도착하다	llego, llegas, llega, llegamos, llegáis, llegan	Llegamos al Museo del Prado. 우리들은 쁘라도 박물관에 도착한다.
visitar 방문하다	visito, visitas, visita, visitamos, visitáis, visitan	Visito tu oficina. 나는 너의 사무실을 방문한다.
tener 가지다	tengo, tienes, tiene, tenemos, tenéis, tienen	Tenemos muchos amigos. 우리들은 많은 친구가 있다.
querer 원하다	quiero, quieres, quiere, queremos, queréis, quieren	Quiero estudiar español. 나는 스페인어 공부하기를 원한다.
poder 할 수 있다	puedo, puedes, puede, podemos, podéis, pueden	Puedes llegar a Toledo. 너는 똘레도에 도착할 수 있다.

대화 ❶ 아침 인사 나누기

한 마디씩 읽기 Pista 013 전체 읽기 Pista 014

Carlos 부에노스 디아스 수미 꼬모 에스따스
Buenos días, Sumi, ¿cómo estás?

Sumi 에스또이 비엔 그라시아스 이 뚜
Estoy bien, gracias, ¿y tú?

Carlos 땀비엔 에스또이 비엔 그라시아스
También estoy bien, gracias.

Ana 부에노스 디아스 또도스
Buenos días a todos.
마마 에스따 쁘레빠라도 엘 데사이우노 뗑고 암브레
Mamá, ¿está preparado el desayuno? Tengo hambre.

María 부에노 야 에스따 아 꼬메르
Bueno, ya está. ¡A comer!

Daniel 비엔 바모스 알 꼬메도르
Bien, vamos al comedor.

어휘 설명

- cómo 어떻게
- también 역시
- todos 모두
- está preparado 준비되어있다
- desayuno 아침
- hambre 배고픔
- ya 이미
- comer 먹다
- comedor 식당

대화 내용 핵심 포인트

- ¿Cómo estás? : 안부를 묻는 표현으로 Hola, ¿Qué tal?, ¿Qué tal estás?, ¿Qué hay?, ¿Cómo andas? 등으로도 사용할 수 있다.
- tengo hambre : 'tener + 명사' 관용구 형태이다.
  - Tengo sed. 목 말라요.
  - Tengo sueño. 졸려요.
  - Tengo calor. 더워요.
  - Tengo frío. 추워요.
  - Tengo fiebre. 열이 있어요.
- A + 동사원형 : 간단하게 권유의 명령형으로 사용할 수 있다.
  - ¡A estudiar! 공부합시다!
  - ¡A trabajar! 일합시다!
- al : 전치사 a와 정관사 el이 연계되는 경우 al로 축약해서 사용한다.
  - al trabajo 일하러
  - a la biblioteca 도서관으로

까를로스 좋은 아침이구나, 수미야, 안녕?
수미 네 좋아요. 고맙습니다. 까를로스 씨는 어떠세요?
까를로스 그래, 나도 좋구나. 고맙다.
아나 모두 좋은 아침입니다. 엄마, 아침 준비됐어요? 저 배 고파요.
마리아 그래, 벌써 준비되어 있어. 밥 먹자!
다니엘 자, 모두 식당으로 가요.

대화 ❷ 하는 일 묻고 답하기

한 마디씩 읽기 Pista 015 | 전체 읽기 Pista 016

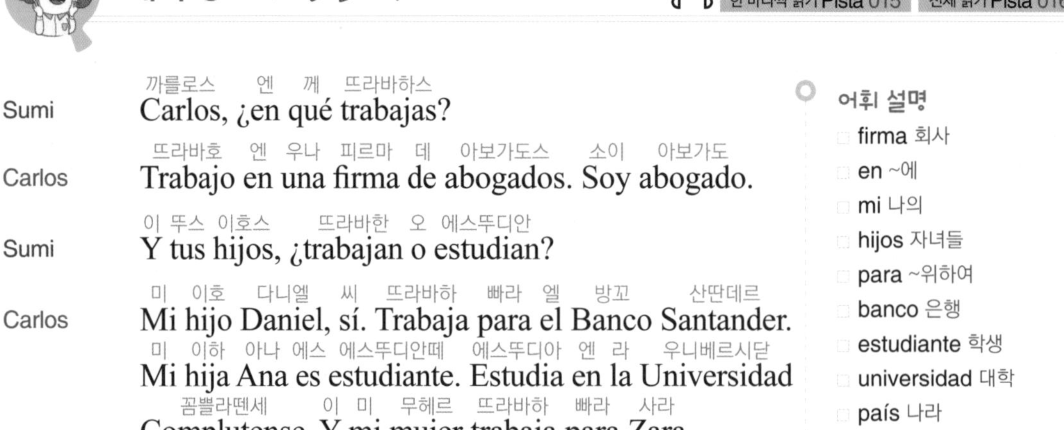

Sumi	까를로스 엔 께 뜨라바하스 Carlos, ¿en qué trabajas?
Carlos	뜨라바호 엔 우나 피르마 데 아보가도스 소이 아보가도 Trabajo en una firma de abogados. Soy abogado.
Sumi	이 뚜스 이호스 뜨라바한 오 에스뚜디안 Y tus hijos, ¿trabajan o estudian?
Carlos	미 이호 다니엘 씨 뜨라바하 빠라 엘 방꼬 산딴데르 Mi hijo Daniel, sí. Trabaja para el Banco Santander. 미 이하 아나 에스 에스뚜디안떼 에스뚜디아 엔 라 우니베르시닫 Mi hija Ana es estudiante. Estudia en la Universidad 꼼쁠라뗀세 이 미 무헤르 뜨라바하 빠라 사라 Complutense. Y mi mujer trabaja para Zara.
Sumi	빠라 사라 엔 미 빠이스 사라 에스 우나 꼼빠니아 ¿Para Zara? En mi país, Zara es una compañía 바스딴떼 꼬노시다 아이 무차스 띠엔다스 엔 세울 bastante conocida. Hay muchas tiendas en Seúl.
Carlos	마리아 에스 디세냐도라 시 끼에레스 뽀데모스 이르 아 María es diseñadora. Si quieres, podemos ir a 비시따르라 아 수 오피시나 visitarla a su oficina.

어휘 설명

- firma 회사
- en ~에
- mi 나의
- hijos 자녀들
- para ~위하여
- banco 은행
- estudiante 학생
- universidad 대학
- país 나라
- compañía 회사
- bastante 충분히, 상당히
- conocida 알려진
- muchas 많은
- tienda 가게
- diseñadora 디자이너
- oficina 사무실

수미 까를로스 씨는 어디에서 일하세요?

까를로스 나는 로펌에서 일해. 나는 변호사야.

수미 그럼 자녀들은요, 일하나요 아니면 공부하나요?

까를로스 내 아들 다니엘은 일하고 있어. 산딴데르 은행에서 일하고 있지. 딸 아나는 학생이야. 꼼쁠루뗀세 대학에서 공부하고 있어. 그리고 내 아내는 사라에서 일해.

수미 사라에서 일한다고요? 우리나라에서 사라는 아주 잘 알려진 회사예요. 서울에 사라 매장이 많이 있어요.

까를로스 마리아는 디자이너야. 만일 네가 원한다면 함께 마리아의 사무실을 방문하자.

대화 내용 핵심 포인트

◆ ¿En qué trabajas?: 어디에서 일하세요?
trabajar en/para~: ~에서 근무하다
- Trabajo en una firma de aluminio. 나는 알루미늄 회사에서 근무합니다.
- Tú trabajas en una tienda. 너는 가게에서 일한다.
- Nosotros trabajamos en una cafetería. 우리들은 카페에서 일합니다.

◆ 'o' : '혹은', '또는'
- más o menos 더도 아니고 덜도 아니고, 대략

◆ estudiar ~ : '~을 공부하다'라는 의미인데 estudiar 동사 다음에 전공이나 언어가 오면 관사를 생략한다.
- Estudio humanidades. 나는 인문학을 공부합니다.
- Estudio español. 나는 스페인어를 공부합니다.

◆ si : (접속사) 만일 ~라면
sí : (부사) 네, 예
- ¿Quieres estudiar español? 스페인어를 공부하고 싶니?
Sí, quiero estudiar español. 네, 스페인어를 공부하고 싶어요.
- Si quieres estudiar español, 만일 네가 스페인어 공부하기를 원한다면,

대화 ❸ 방문 약속하기

한 마디씩 읽기 Pista 017 | 전체 읽기 Pista 018

Sumi
마리아 뿌에도 비시따르 뚜 오피시나 에스따 따르데
María, ¿puedo visitar tu oficina esta tarde?,
에스따스 리브레
¿estás libre?

María
무이 비엔 노 뗑고 쁘로블레마
Muy bien. No tengo problema.

Sumi
돈데 에스따 라 오피시나
¿Dónde está la oficina?

María
미 오피시나 에스따 엔 라 까예 마요르 세르까 델 메뜨로
Mi oficina está en la calle Mayor, cerca del metro
데 솔
de Sol.

Sumi
꼬모 예고 아이
¿Cómo llego allí?

María
에스 파실 예가르 아이 에디피시오스 안띠구오스 이 띠엔다스
Es fácil llegar. Hay edificios antiguos y tiendas
뜨라디시오날레스 세르까 델 메뜨로 데 솔 꾸안도
tradicionales cerca del metro de Sol. Cuando
예게스 메 야마스 발레
llegues, me llamas, ¿vale?

어휘 설명

- libre 자유로운
- problema 문제
- dónde 어디에
- en la calle 거리에
- cerca de ~어디에
- metro 지하철
- allí 저기, 거기
- fácil 쉬운
- edificio 건물
- antiguo 오래된
- cuando ~할 때
- me 나에게
- vale 오케이

대화 내용 핵심 포인트

◆ ¿Puedo + 동사원형? : '~해도 될까요?'의 의미로 상대방에게 자신의 의견을 제시할 때 사용하는 문형
- ¿Puedo visitar su oficina? 사무실에 방문해도 될까요?
- ¿Puedo llamarle mañana? 내일 전화해도 될까요?

◆ esta tarde : '오늘 오후에'라는 의미인데 전치사 en을 붙이지 않는다.
- esta mañana 오늘 아침에　　esta noche 오늘 밤에

◆ ¿Dónde está ~? : 위치를 물어보는 표현
- ¿Dónde está su casa? 당신 집은 어디에 있나요?
- ¿Dónde está la Universidad DaeHan? 대한대학교가 어디에 있나요?

◆ Es fácil + 동사원형 : ~하는 것이 쉽다
- Es fácil estudiar. 공부하는 것이 쉽다.
- Es fácil trabajar. 일하는 것이 쉽다.

◆ cuando llegues : 접속사 cuando와 함께 쓰여서 '네가 도착하면'이라는 의미로 미래 표현이다.
Llámame cuando llegues. 도착하게 되면 나한테 전화해 줘.
- cuándo : '언제'라는 의문사
- cuando : 부사절에서는 아직 실현되지 않은 경우 접속법이 사용된다.
- me llamas : me는 우리말로는 간접목적격처럼 해석할 수 있으나 llamar(부르다) 동사 특성상 직접목적격을 사용한다.

◆ vale : 영어의 ok에 해당한다. 그러나 de acuerdo가 바른 표현이다.

수미 마리아, 오늘 오후에 사무실을 방문해도 될까요? 시간 되세요?
마리아 좋아, 난 괜찮아.
수미 사무실이 어디에 있어요?
마리아 내 사무실은 지하철 솔 근처에 있는 마요르 거리에 있어.
수미 거기 어떻게 가요?
마리아 오기 쉬워. 지하철 솔 근처에 오래된 건물과 전통적인 상점이 있어. 도착하면 나한테 전화해. 알겠니?

연습문제

01 Audición Pista 019

다음을 듣고 빈칸을 채워 보세요.

A ¿Está ________ el desayuno?

B ¿Puedo visitar tu ________ esta tarde? ¿Estás ________?

C ________ ________ ________ y tiendas tradicionales ________ del metro de Sol.

02 Lectura Pista 020

의미를 생각하면서 읽어 보세요.

A Es fácil llegar.

B En mi país, Zara es una compañía bastante conocida.

C Cuando llegues, me llamas, ¿vale?

03 Escritura

주어진 단어를 바르게 배열하여 문장을 완성해 보세요.

A 제 사무실은 지하철 솔 가까이에 있는 마요르 거리에 있습니다.
Mi, oficina, cerca, del, metro, de, Sol, en, la, calle, Mayor, está

→ ____.

B 지하철 솔 가까이에 오래된 상점들이 많이 있습니다.
muchas, tiendas, antiguas, del, metro, de, Sol, cerca, Hay

→ ____.

C 우리나라에서 사라는 아주 잘 알려진 회사입니다.
es, En, mi, país, bastante, una, compañía, conocida, Zara

→ ____.

연습문제

04 Conversación

다음을 보고 상황에 맞는 대화를 해 보세요.

어휘 익히기

#직업

 estudiante(학생)	 médico(~a)(의사)	 actor(남자배우) [(actriz 여자배우)]	 empresario(비지니스맨)
 abogado(~a)(변호사)	 profesor(~a)(교사)	 fotógrafo(~a)(사진 작가)	 periodista(신문기자)
 secretario(~a)(비서)	 azafato(~a)(승무원)	 piloto(조종사)	 policía(경찰)
 cocinero(~a)(요리사)	 cantante(가수)	 enfermero(~a)(간호사)	 camarero(~a)(웨이터)

가우디 건축

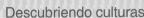

스페인 관광에서는 단연 우수한 건축물을 빼놓을 수 없다. 이는 스페인의 대표 건축가 안토니오 가우디의 덕분이라고 할 수 있다. 천재 건축가라고 불리는 가우디는 바르셀로나 건축의 중심에 있다. 그는 사그라다 파밀리아 성당, 구엘공원, 카사 바트요, 카사밀라 등을 건축했고, 지금까지도 많은 사람이 그가 만든 건축물에 경탄한다.

구엘공원

카사밀라

사그라다 파밀리아

구엘공원

UNIDAD 04

길 물어보기

Preguntar una dirección

핵심 포인트

□ 의무를 나타내는 표현
□ 의문사
□ 현재분사

스페인 쁘라도 박물관
VELAZQUEZ

구문 및 문법 핵심 포인트

의무를 나타내는 표현

tener que + 동사원형, deber + 동사원형, hay que + 동사원형

스페인어에서 강한 의무 또는 권리를 나타내는 표현으로는 다음 3가지 형태가 있다.

❶ 'tener que + **동사원형**' : 필요나 강한 의무를 나타낸다.

- Tengo que estudiar. 나는 공부해야만 해.

❷ 'deber + **동사원형**' : 도덕적, 윤리적인 의무나 충고의 개념으로 볼 수 있다.

- Debes descansar.. 너는 휴식을 취해야 돼.

❸ 'Hay que + **동사원형**' : hay가 무인칭이므로 일반적인 의무를 나타낸다.

- Hay que cruzar la calle solamente en el cruce de peatones 횡단보도에서 거리를 건너야만 한다. (누구든지)

의문사

cómo(어떻게), dónde(어디), qué(무엇), cuál(어느 것), quién(누구), cuánto(얼마), cuándo(언제), por qué(왜)

Cómo	¿Cómo están tus padres? 너의 부모님은 안녕하시니?	의문부사 성 · 수 변화 X
Dónde	¿Dónde está España? 스페인은 어디에 있나요?	의문부사 성 · 수 변화 X
Qué	- ¿Qué buscan? 뭘 찾으세요? - ¿Qué tiempo hace hoy? 오늘 날씨 어때요?	의문대명사와 의문형용사 성 · 수 변화 X
Cuál	- ¿Cuál es la capital de España? 스페인의 수도는 어디예요? - ¿Cuál de estos países prefieres, España o Argentina? 이 나라 중 어느 나라를 더 좋아해요, 스페인 아니면 아르헨티나?	선택적 의미를 지닌 의문대명사 수 변화 ○
Quién	- ¿Con quién hablo? (전화 통화 시) 누구세요? - ¿Quiénes son estos señores? 이분들은 누구세요?	의문대명사 수 변화 ○
Cuánto	-¿Cuánto es? 얼마예요? -¿Cuántos años tienes? 몇 살이니?	의문대명사와 의문형용사 성 · 수 변화 ○
Cuándo	¿Cuándo es el Día de la Madre en España? 스페인에서 어머니 날은 언제예요?	의문부사 성 · 수 변화 X
Por qué	¿Por qué te gustan los deportes? 너는 스포츠를 왜 좋아하니?	의문부사 성 · 수 변화 X

현재분사

형태

❶ ~ar형 동사는 어미를 ~ando, ~er/~ir형 동사는 어미를 ~iendo로 변화시키면 된다.

- hablar → hablando
- estudiar → estudiando
- comer → comiendo
- beber → bebiendo
- vivir → viviendo
- escribir → escribiendo

❷ 불규칙의 경우는 ~ir형 동사에서 나타나는데 직설법 현재 동사 어간이 e → ie, e → i로 변화되는 동사는 e → i로, o → ue로 변화하는 동사의 경우는 o → u로 변화시킨다.

- preferir(선호하다): 모음 e → ie로 변화, 즉 prefiero, prefieres, prefiere, ~로 변화하므로 현재분사는 e → i로 바꿔 prefiriendo이다.
- pedir(요구하다): 모음 e → i로 변화, 즉 pido, pides, pide, ~로 변화하므로 현재분사는 e → i로 바꿔 pidiendo이다.
- dormir(자다): 모음 o → ue로 변화, 즉 duermo, duermes, duerme, ~로 변화하므로 현재분사는 o → u로 바꿔 durmiendo이다.
- ir 동사의 현재분사는 yendo이다.

＊ ~ar형 동사의 불규칙 변화는 없으며, ~er형 경우 poder→pudiendo뿐이다.

용법

현재 진행형: estar + 현재분사
- Sumi está escuchando música.
  수미는 음악을 듣고 있다.
- Estoy hablando con Juan.
  나는 후안하고 이야기하고 있다.

두 가지 행위가 동시에 진행 중
- Sumi estudia escuchando música.
  수미는 음악을 들으면서 공부한다.
- Como viendo la televisión.
  나는 텔레비전 보면서 밥을 먹는다.

seguir + 현재분사	계속 ~ 하다
ir + 현재분사	조금씩 조금씩 ~하다 (poco a poco)
llevar + 현재분사	~ 한 지 시간이 ~되다
andar + 현재분사	여기 저기 ~하고 다니다

- Sumi sigue estudiando 2 horas en casa. 수미는 집에서 2시간 째 계속해서 공부하고 있다.
- Sumi va mejorando. 수미는 조금씩 나아지고 있다.
- Sumi lleva un año estudiando español. 수미는 스페인어를 공부한 지 1년 되었다.
- Sumi anda buscando trabajo. 수미는 일자리를 여기저기 찾아 다니고 있다.

동사 익히기

직설법 현재

동사	동사 변화	예문
buscar 찾다	busco, buscas, busca, buscamos, buscáis, buscan	Busco un estudiante. 나는 학생 한 명을 찾고 있다.
tomar 잡다, 쥐다	tomo, tomas, toma, tomamos, tomáis, toman	Toman el sol en una playa de San Sebastián. 그들(그녀들, 당신들)은 산세바스띠안의 한 해변에서 일광욕을 한다.
caminar 걷다	camino, caminas, camina, caminamos, camináis, caminan	Caminar es salud. 걷기가 바로 건강이다.
tardar 시간이 걸리다	tardo, tardas, tarda, tardamos, tardáis, tardan	Tardo cinco minutos en preparar la comida. 나는 식사 준비하는 데 5분 걸린다.
seguir 계속하다	sigo, sigues, sigue, seguimos, seguís, siguen	La economía coreana sigue yendo bien. 한국 경제는 계속해서 잘 나간다.
girar 돌다	giro, giras, gira, giramos, giráis, giran	Giras en la primera calle a la derecha. 첫 번째 거리에서 오른쪽으로 돌아.
encontrar 발견하다, 만나다	encuentro, encuentras, encuentra, encontramos, encontráis, encuentran	Encuentro a mi amiga en la biblioteca. 나는 내 여자 친구를 도서관에서 만난다.
coger 잡다, 붙들다	cojo, coges, coge, cogemos, cogéis, cogen	Cojo el tren en la estación de Atocha. 나는 아또차역에서 기차를 탄다.
hacer 하다	hago, haces, hace, hacemos, hacéis, hacen	¿Qué haces? Tienes que hacer ejercicio. 너 뭐 하니? 너는 운동을 해야만 해.
decir 말하다	digo, dices, dice, decimos, decís, dicen	Te digo la verdad. 나는 너한테 진실을 이야기하고 있어.
ir 가다	voy, vas, va, vamos, vais, van	Voy a la biblioteca. 나는 도서관에 간다.
indicar 표시하다	indico, indicas, indica, indicamos, indicáis, indican	Te voy a indicar el camino. 내가 너에게 길을 가르쳐 줄게.

대화 ❶ 길 물어보기 1

한 마디씩 읽기 Pista 021 | 전체 읽기 Pista 022

세뇨리따 뽀르 파보르 부스꼬 엘 무세오 델 쁘라도
Sumi Señorita, por favor. Busco el Museo del Prado.

에스따 무이 세르까
Señorita Está muy cerca.

뿌에도 예가르 아 삐에 오 뗑고 께 또마르 운 아우또부스
Sumi ¿Puedo llegar a pie o tengo que tomar un autobús?

뿌에데스 이르 까미난도 솔로 세 따르단 5(싱꼬) 미누또스 아
Señorita Puedes ir caminando, sólo se tardan 5 minutos a
삐에 데스데 아끼 뿌에데스 세기르 또도 렉또 뽀르 에스따
pie. Desde aquí puedes seguir todo recto por esta
까예 아스따 엘 세마포로 이 루에고 히라르 아 라 데레차
calle hasta el semáforo y luego girar a la derecha.
엔똔세스 뿌에데스 엔꼰뜨라르 엘 무세오 아이
Entonces, puedes encontrar el museo allí.

무차스 그라시아스 에레스 무이 아마블레
Sumi Muchas gracias. Eres muy amable.

데 나다 아디오스
Señorita De nada. Adiós.

어휘 설명

- por favor 영어의 please
- museo 박물관
- cerca 가까운
- tengo que tomar 나는 타야만 한다
- sólo 단지
- desde aquí 여기서부터
- todo recto 똑바로
- por esta calle 이 거리를 따라~
- hasta ~까지
- semáforo 신호등
- luego 그러고 나서
- de nada 천만에요

대화 내용 핵심 포인트

- 길을 물어볼 때 가장 쉬운 표현은 buscar 동사 다음에 가고자 하는 목적지를 말하는 방법이다.
  - Busco la Universidad DaeHan. 저는 대한대학교를 찾고 있어요.
  - Busco el Palacio de la Moncloa. 저는 몽끌로아 궁을 찾고 있습니다.
- a pie : 걸어서
  - en autobús 버스로, en tren 기차로, en avión 비행기로
- seguir 동사는 '계속 ~하다'라는 의미이기 때문에 seguir 뒤에 또 다른 동사가 나오는 경우 현재분사가 꼭 필요하다.
  - La economía argentina sigue empeorando. 아르헨티나 경제는 계속해서 나빠지고 있다.
  - Sigues todo recto por esta calle hasta la plaza de la Moncloa. 이 거리를 따라 몽끌로아 광장까지 똑바로 가세요.
- girar a la derecha 오른쪽으로 방향을 틀다
  - girar a la izquierda 왼쪽으로 방향을 틀다

수미 저기요, 아가씨, 쁘라도 박물관을 찾고 있는데요.
세뇨리따 아주 가까워요.
수미 걸어서 도착할 수 있을까요, 아니면 버스를 타야 될까요?
세뇨리따 걸어 갈 수 있어요. 걸어서 5분 거리예요. 여기서 이 거리를 따라 신호등까지 똑바로 가서 거기서 오른쪽으로 도세요. 그러면 거기에 박물관이 있는 것을 볼 수 있어요.
수미 정말 고마워요. 어쩜 이렇게 친절할 수가.
세뇨리따 아니에요, 안녕히 가세요.

대화 ❷ 지하철 노선 확인하기

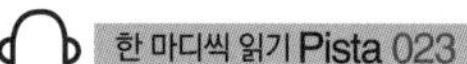

세뇨르 뽀르 파보르 꼬모 세 예가 알 메뜨로 데 그란 비아
Sumi Señor, por favor. ¿Cómo se llega al metro de Gran Vía?

쁘리메로 꼬헤스 라 리네아 3(뜨레스) 이 루에고 엔 까야오 아세스 뜨라스보르도 아 라 5(씽꼬) 솔로 우나 에스따시온
Caballero Primero coges la línea 3 y luego en Callao haces trasbordo a la 5. Sólo una estación.

그라시아스 세뇨르
Sumi Gracias, señor.

데 나다 부엔 비아헤
Caballero De nada. ¡Buen viaje!

뽀르 파보르 부스꼬 라 그란 비아 끄레오 께 에스따 뽀르 아끼 뻬로 노 라 엔꾸엔뜨로
Sumi Por favor, busco la Gran Vía. Creo que está por aquí, pero no la encuentro.

야 에스따스 께 누메로 에스따스 부스깐도
Joven Ya estás. ¿Qué número estás buscando?

어휘 설명

- línea 지하철 노선
- estación 정거장
- ¡Buen viaje! 즐거운 여행을!
- por aquí 이 근방에
- número 번지 수

대화 내용 핵심 포인트

◆ ¿Cómo se llega a ~? : 가고자 하는 목적지를 물어보는 표현이다.

- ¿Puedes decirme cómo se llega al Museo del Prado?
  쁘라도 박물관에 어떻게 가는지 알려 주실래요?
- ¿Por dónde se va al Estadio Santiago Bernabéu?
  산띠아고 베르나베우 스타디움에 어떻게 가지요?

◆ primero : '첫 번째'라는 의미의 서수인데 각종 프리젠테이션이나 회의 시 몇 가지 핵심을 나타내고자 할 때 사용하면 좋다.

- 첫째 primero, 둘째 segundo, 셋째 tercero, 넷째 cuarto, 다섯째 quinto, 마지막으로 por último 등

◆ coges : 타다, 취하다(coger)라는 의미로 tomar 동사로 대체할 수 있다.

- coger는 스페인에서는 많이 사용하지만 멕시코나 일부 남미 국가들에서는 '19금' 의미로 취급받을 수 있다.

◆ haces trasbordo(transbordo) a ~: 다른 편으로 환승하다

- En la siguiente estación tienes que hacer trasbordo para poder llegar a la Plaza del Sol. 솔 광장에 가기 위해서는 다음 역에서 환승해야 한다.

수미 미안합니다만 그란 비아 지하철역에 어떻게 가지요?
신사 먼저 3호선을 탄 후 까야오역에서 5호선으로 환승해야 해요. 딱 한 정거장이에요.
수미 고맙습니다.
신사 천만에요. 즐거운 여행하세요.
수미 그란비아에 가려고 하는데요, 이 근방일 것 같은데 찾을 수가 없네요.
청년 여기가 그란비아인데요. 몇 번지를 찾으세요?

대화 ❸ 길 물어보기 2

한 마디씩 읽기 Pista 025 전체 읽기 Pista 026

Sumi　끼에로 이르 알 누메로234(도스시엔또스 뜨레인따 이 꾸아뜨로)
Quiero ir al número 234.

Joven　뿌에스 히라스 엔 라 쁘리메라 까예 아 라 이스끼에르다 시게스 또도 렉또 이 루에고 히라스 엔 라 세군다 까예 아 라 데레차
Pues, giras en la primera calle a la izquierda, sigues todo recto y luego giras en la segunda calle a la derecha.

Sumi　아 께 디스딴시아 에스따 데 아끼 에스따 레호스
¿A qué distancia está de aquí?, ¿está lejos?

Joven　띠에네스 운 마빠 떼 로 뿌에도 인디까르 엔 엘 마빠
¿Tienes un mapa? Te lo puedo indicar en el mapa.

Sumi　그라시아스
Gracias.

Joven　데 나다 데 나다
De nada, de nada.

어휘 설명

- calle 거리
- distancia 거리
- lejos 먼
- mapa 지도

대화 내용 핵심 포인트

- Quiero ir a ~: 나는 ~에(로) 가고 싶다
  - Quiero ir al cine contigo. 나는 너와 극장에 가고 싶어.
- giras en(girar en) ~: ~에서 방향을 틀다
  - giras en la segunda calle a la derecha. 두 번째 거리에서 오른편으로 돌아가세요.
- a la izquierda 왼편으로 / a la derecha 오른쪽으로
- ¿A qué distancia está de ~? : ~로부터 거리가 얼마나 떨어져 있나요?
  - ¿A qué distancia está de Madrid? 마드리드에서 거리가 얼마나 떨어져 있나요?
- Te lo voy a indicar en el mapa. : te는 간접목적격, lo는 위에 물어본 장소를 나타내는 직접목적격이다. indicar 뒤에 붙여 쓰면 '동사원형 + 간접 + 직접'으로 voy a indicártelo이다.
  - ir a + 동사원형 : '~할 예정이다', '~하려고 한다'로 미래형을 대체해서 사용할 수 있다.

수미 234번지 가려고 하는데요.
청년 으음, 첫 번째 거리에서 왼쪽으로 돌아서 똑바로 계속 가세요. 그리고 두 번째 거리에서 오른쪽으로 가세요.
수미 여기서 거리가 얼마나 되나요? 먼가요?
청년 지도 있어요? 지도에 그 장소를 표시해 줄게요.
수미 고마워요.
청년 천만에요.

연습문제

01 Audición Pista 027

다음을 듣고 빈칸을 채워 보세요.

A ¿Puedes decir ________ cómo se ________ a la Gran Vía?

B ________ en la primera calle a la ________, sigues todo recto y luego giras en la ________ calle a la derecha.

C Te ________ voy a indicar en el mapa.

02 Lectura

다음은 1944년 미국 뉴욕에서 멕시코를 중심으로 한 남미 가수들로 구성된 Trío Los Panchos라는 그룹의 유명한 노래 Quizás, Quizás, Quizás의 한 소절이다. 그룹을 결성한 이후 지금까지 멤버를 교체하면서 활동해 오고 있다. 다음 부분은 의문사를 공부하는 데 도움이 된다.

Siempre que te pregunto, 내가 너에게 물을 때마다
que cuándo, cómo y dónde, 언제, 어떻게 그리고 어디서라고
tú siempre me respondes; 너는 항상 내게 이렇게 답을 했지
quizás, quizás, quizás 글쎄, 글쎄, 글쎄.

03 Escritura

03-1 주어진 단어를 바르게 배열하여 문장을 완성해 보세요.

A todo recto, Mira, sigues, hasta la plaza de la Moncloa, por esta calle

________________.

B Primero, y luego en Callao, coges la línea 3, haces trasbordo a la 5

________________.

C voy, Te, en el mapa, a indicar, lo

________________.

03-2 다음 숫자를 스페인어로 써 보세요.

A 15개의 나라 ________ **B** 21명의 여학생 ________ **C** 2.375.611.891 ________

04 Conversación

다음 지도를 보고 제시된 단어를 사용해 목적지까지 가는 길을 말해 보세요.

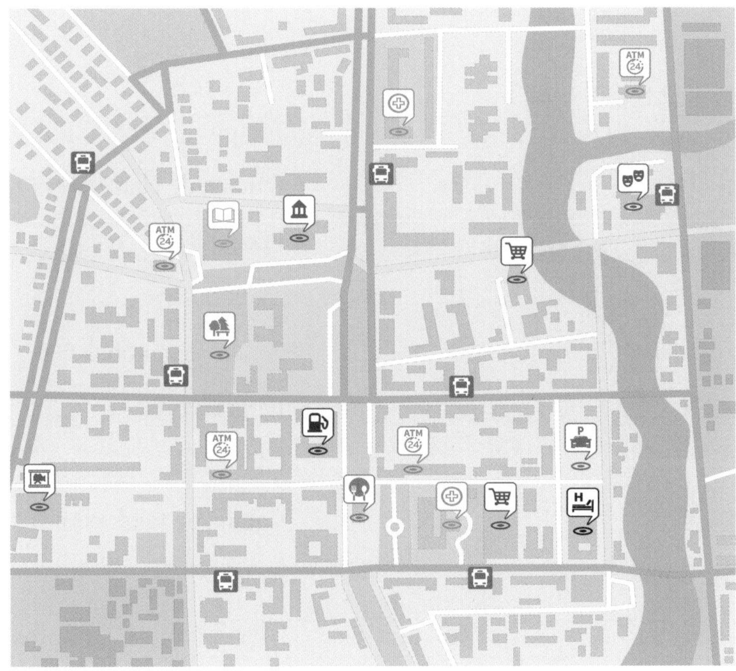

기본 단어

- □ al final de la calle 거리 끝에서
- □ giras a la derecha 오른쪽으로 도세요
- □ pasas dos calles 두 거리를 지나세요
- □ cuando llegues a la Plaza ~ ~ 광장에 도착하면
- □ en el siguiente cruce 다음 교차로에서
- □ sigues todo recto por esta calle 이 거리를 따라 똑바로 계속 가세요
- □ hasta el Paseo del Prado 쁘라도 거리까지
- □ cruzar el paseo de la ~ ~ 거리를 횡단하다
- □ tomar la primera calle a la izquierda 왼쪽 첫 거리로 가다
- □ coger la línea 2 2호선을 탑승하다
- □ hacer trasbordo a la línea 5 5호선으로 환승하다

어휘 익히기

#장소

길거리에서 마주 치는 장소 관련 어휘

- □ Banco 은행
- □ Museo 박물관
- □ Parque 공원
- □ Estación de tren 기차역
- □ Gasolinera 주유소
- □ Hospital 병원
- □ Comisaría 경찰서
- □ Oficina de Turismo 관광안내소
- □ Cafetería 커피숍
- □ Supermercado 슈퍼마켓
- □ Semáforo 신호등
- □ Oficina de Correos 우체국
- □ Plaza 광장
- □ Catedral 성당
- □ Parada de autobús 버스 정류장
- □ Farmacia 약국
- □ Glorieta 로터리
- □ Cabina de teléfono 전화 부스
- □ Hotel 호텔
- □ Cine 영화관
- □ Centro comercial 쇼핑몰

문화탐색 Descubriendo culturas

스페인은 거리와 번지수만 있으면 쉽게 목적지를 찾아 갈 수 있다. 마드리드의 경우 Puerta del Sol(일명 태양의 문 또는 솔 광장)이 kilómetro '0' 기점이다. 여기서부터 멀어질수록 번지수는 높아지며, 오른편은 짝수(par), 왼편은 홀수(impar)로 구분되어 찾기 쉽다. 예로 Calle Mayor 22번지를 찾아 간다면 솔 광장에서 오른편으로 올라가다 보면 번지수가 2, 4, 6, …, 22번지 순으로 나오게 된다.

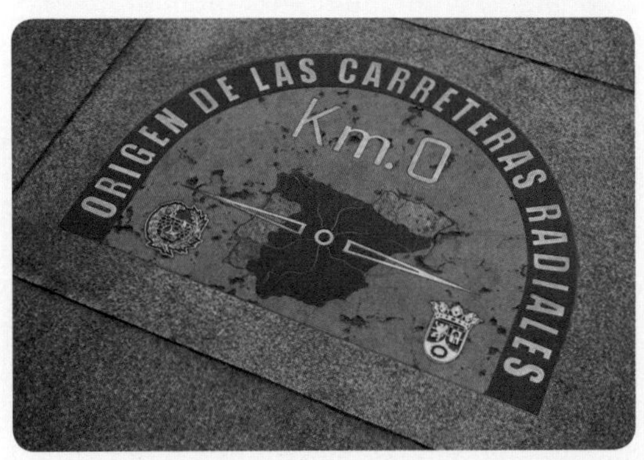

¿Por qué no te callas?(너는 왜 조용히 안 하니?)에 얽힌 이야기

2007년 11월 10일 칠레 산티아고에서 개최된 이베로 아메리카 정상회의에서 당시 스페인 국왕 후안 까를로스 1세가 스페인 총리 호세 루이스 로드리게스 사빠떼로의 발언을 가로막던 베네수엘라 대통령 우고 차베스에게 던진 말이다. 이 발언 이후 각종 패러디가 전 세계적으로 인기를 끌었다. 이는 과거 스페인의 라틴아메리카 식민지배에 대한 앙금과 라틴아메리카 국가들의 정책(민족주의적, 사회주의적, 외국인투자 배척 등) 운용 현실에 대한 앙금이 남아 있다가 폭발한 것으로 보인다.

Porque te vas. (당신이 떠나기 때문에)

영국계 스페인 여성 가수 Janette Anne Dimech가 부른 노래 제목이다. 떠나 간 연인을 생각하면서 사랑에 빠졌던 매 순간을 되새겨 보면서 '왜 당신은 떠나시나요'라고 읊고 있다. 인터넷에서 노래를 찾아 발음과 의미를 되새겨 보자.

UNIDAD 05

어학 코스 등록하기

Matricularse en un curso de español

핵심 포인트

- ☐ se 용법
- ☐ 소유형용사
- ☐ 시간 표현

¿Hablas
Español?

구문 및 문법 핵심 포인트

'se' 용법

❶ 재귀의 se : 타동사에 se를 덧붙여 재귀동사 역할을 한다.

- 타동사 matricular : Mi padre me matricula en un curso de tenis.
  나의 아버지는 나를 테니스 과정에 등록시킨다.
- 재귀동사 matricularse : Me matriculo en un curso de bádminton.
  나는 배드민턴 코스에 등록한다.
- 타동사 despertar : Mi madre me despierta a las 7. 엄마는 나를 7시에 깨운다.
- 재귀동사 despertarse : Me despierto a las 7. 나는 7시에 깬다.

❷ 비인칭(일반적인 주어)의 se : 3인칭 단수로만 사용하며 '일반적으로 사람들이 ~이다'라는 의미

- ¿Se puede pagar aquí? 여기서 지불할 수 있나요?
- En Corea se habla coreano. 한국에서는 한국어를 사용한다.

❸ 수동의 se : 'ser + 과거분사 + por'가 기본적인 수동태인데 'se'를 사용해서 기본 수동태를 대신한다. 단, 수동의 se는 수동태이지만 행위자가 문장에 나타나지 않을 때 쓴다.

- Aquí se venden ordenadores. 여기서 컴퓨터가 팔린다.
  → Los ordenadores son vendidos por los vendedores. 컴퓨터는 판매상들에 의해 팔린다.

* 다음 문장에서의 se는 수동과 비인칭 se로 해석될 수 있다.
- Aquí se vende material informático. (수동의 se) 여기서 컴퓨터 부품이 팔린다.
- Aquí se vende material informático. (비인칭 se) 여기서 컴퓨터 부품을 판다.

❹ 강조의 se

- Sumi se bebió el vino 수미는 포도주를 (맛이 좋아) 다 마셔 버렸다.

❺ 대명동사의 se

- Me acuerdo de los buenos amigos de la escuela. 나는 학창 시절의 좋은 친구들을 기억한다.

* 대명사 se와 함께 쓰이는 대명동사는 주로 해당 전치사를 수반한다.
예 acordarse de, preocuparse por, reírse de 등

소유 형용사

주격 인칭	소유형용사			
	단수	복수		
Yo	mi	mis	나의	Mi casa está cerca de tu casa. 나의 집은 너의 집 가까이에 있다.
Tú	tu	tus	너의	Tu libro está debajo de la mesa. 너의 책은 탁자 아래에 있다.
Él(Ella, Ud.)	su	sus	그(그녀, 당신)의	Su escuela está detrás del hospital. 그(그녀, 당신, 그들, 그녀들, 당신들)가 다니는 학교는 병원 뒤에 있다.
Nosotros/~as	nuestro (~a)	nuestros (~as)	우리들의	Nuestra casa está enfrente del banco. 우리들의 집은 은행 정면에 있다.
Vosotros/~as	vuestro (~a)	vuestros (~as)	너희들의	Vuestro bocadillo está encima de la mesa. 너희들의 샌드위치는 테이블 위에 있다.
Ellos(Ellas, Uds.)	su	sus	그들 (그녀들, 당신들)의	Sus libros están al lado del sofá. 그들(그녀들, 당신들의, 그의, 그녀의, 당신의) 책들은 소파 옆에 있다.

3인칭 소유형용사의 경우 다음과 같이 6가지로 해석이 가능하다.

- su casa: 그의 집, 그녀의 집, 당신의 집, 그들의 집, 그녀들의 집, 당신들의 집
- sus casas: 그들의 집들, 그녀들의 집들, 당신들의 집들, 그의 집들, 그녀의 집들, 당신의 집들

시간 표현

¿Qué hora es? 몇 시예요?

- **Es la una.** 한 시입니다.
- **Son las dos.** 두 시입니다.

  * 시간은 여성 명사이므로 항상 여성 관사(la, las)를 쓴다. 두 시부터는 관사와 동사를 복수로 쓴다.

*

15분	cuarto
30분	media
정각	en punto

시간과 분은 'y'와 'menos'로 연결한다.

- **Son las dos y cuarto.** 2시 15분입니다.
- **Son las dos y media.** 2시 30분입니다.
- **Son las tres menos cuarto.** 3시 15분 전입니다.
- **Son las tres en punto.** 3시 정각입니다.

¿A qué hora ~? 몇 시에~?

- **¿A qué hora es el concierto?** 콘서트는 몇 시인가요?
  Es a las 8. 8시예요.
- **¿A qué hora empieza la clase de español?** 스페인어 수업은 몇 시에 시작하나요?
  Empieza a las 9 en punto. 정각 9시에 시작해요.

* 구체적인 시간의 언급이 없을 때 por를 붙인다.
por la mañana (오전에)
por la tarde (오후에)
por la noche (밤에)

- **Por la mañana estudio, por la tarde hago ejercicio y por la noche salgo con amigos.**
  나는 오전에 공부하고, 오후에는 운동하고 밤에는 친구들과 외출한다.

* 구체적인 시간의 언급이 있을 때 de를 붙인다.
de la mañana (오전에)
de la tarde (오후에)
de la noche (밤에)

- **Salgo de casa a las ocho de la mañana y salgo de la oficina a la una de la tarde para el almuerzo. Y luego me acuesto a las once y media de la noche.** 나는 오전 8시에 집을 나서고 오후 1시에 점심을 먹으러 사무실을 나선다. 그리고 나는 밤 11시 반에 잠자리에 든다.

동사 익히기

직설법 현재

동사	동사 변화	예문
matricularse 등록하다	me matriculo, te matriculas, se matricula, nos matriculamos, os matriculáis, se matriculan	¿Cómo nos matriculamos de selectividad? 우리들은 어떻게 대학입학시험에 등록하나요? * selectividad 스페인의 대학입학능력시험
pagar 지불하다	pago, pagas, paga, pagamos, pagáis, pagan	Ella paga diez mil wones por la blusa. 그녀는 블라우스 값으로 만 원을 지불한다.
rellenar 채우다	relleno, rellenas, rellena, rellenamos, rellenáis, rellenan	Rellenan el bocadillo con jamón y chorizo. 그들은 보까디요에 하몬과 초리소를 넣는다. *jamón 스페인식 훈제 햄 *chorizo 스페인식 돼지고기 훈제 소시지 *bocadillo 스페인식 샌드위치
empezar 생각하다	empiezo, empiezas, empieza, empezamos, empezáis, empiezan	En España el curso universitario empieza a finales de septiembre. 스페인에서 대학 과정은 9월 말에 시작한다.
consultar 상담하다, 참고하다	consulto, consultas, consulta, consultamos, consultáis, consultan	Antes de decidir tengo que consultar con mis padres. 결정하기 전에 나는 부모님과 의논해야 해.

대화 ❶ 어학원 등록하기

한 마디씩 읽기 Pista 028 | 전체 읽기 Pista 029

Sumi — 올라 부에노스 디아스 끼에로 마뜨리꿀라르메
Hola, buenos días. Quiero matricularme.

Secretaria — 엔 께 이디오마
¿En qué idioma?

Sumi — 엔 에스빠뇰
En español.

Secretaria — 또메 에스떼 임쁘레소 띠에네 께 레예나르로 꼰 수스 다또스 이 빠가르 라 마뜨리꿀라
Tome este impreso. Tiene que rellenarlo con sus datos y pagar la matrícula.

Sumi — 세 뿌에데 빠가르 아끼
¿Se puede pagar aquí?

Secretaria — 노 노 세 뿌에데 아이 께 빠가르 엔 엘 방꼬
No, no se puede. Hay que pagar en el banco.

어휘 설명

- idioma 언어
- impreso 서식(인쇄물)
- datos 개인정보
- matrícula 수강료
- banco 은행

대화 내용 핵심 포인트

- querer + 동사원형 : ~ 하고 싶다
  - Quiero comprar. 나는 사고 싶어요.
  - Quiero estudiar más. 나는 더 공부하고 싶어요.
- ¿Poder + 동사원형? : ~해도 되나요?, ~할 수 있나요?
  - ¿Se puede pagar ~? : (돈을) 낼 수 있나요?
    이 문장에서 se는 비인칭의 se로 쓰였다.
  - ¿Puedo probarme esta falda? 이 치마 입어 봐도 되나요?

수미 안녕하세요. 등록하고 싶은데요.
비서 어떤 언어 과정이요?
수미 스페인어 과정이요.
비서 이 양식 받으세요. 이 양식에 개인정보를 채워 주시고 수강료를 내셔야 합니다.
수미 여기서 낼 수 있나요?
비서 아니요, 안 됩니다. 은행에서 내야 합니다.

대화 ❷ 등록 후 수업 확인하기

한 마디씩 읽기 Pista 030 전체 읽기 Pista 031

Sumi
아끼 띠에네 엘 후스띠피깐떼 데 빠고
Aquí tiene el justificante de pago.

Secretaria
비엔 라스 끌라세스 엠뻬사란 엘1(우노)데 옥뚜브레 엔 엘 아울라 21(베인띠우노)
Bien, las clases empezarán el 1 de octubre en el aula 21.

Sumi
아 께 오라 엠삐에사 라 끌라세
¿A qué hora empieza la clase?

Secretaria
아 라스 누에베 이 메디아
A las nueve y media.

Sumi
무차스 그라시아스
Muchas gracias.

Secretaria
데 나다 뿌에데 꼰술따르 꾸알끼에르 두다 엔 누에스뜨라 빠히나 웹 'www.eoi.es' 아스따 루에고
De nada, puede consultar cualquier duda en nuestra página web 'www.eoi.es'. Hasta luego.

어휘 설명

- clase 수업
- octubre 10월
- aula 교실
- mucho 많은
- duda 의구심
- página web 웹페이지

수미 여기 은행 입금증이 있어요.
비서 좋습니다. 수업은 21호 강의실에서 10월 1일에 시작할 겁니다.
수미 수업은 몇 시에 시작하나요?
비서 9시 반입니다.
수미 감사합니다.
비서 천만에요, 확인하고 싶은 것이 있으면 무엇이든지 학교 홈페이지에서 확인하실 수 있습니다. 안녕히 가세요.

대화 내용 핵심 포인트

- el justificante : 일종의 증명서인데, bono라고도 한다.
- cualquier : 어떤 …이라도
  - cualquier cosa 어떤 것이라도
  - Tú puedes aprender cualquier cosa. 너는 어떤 것이라도 배울 수 있어.
  - Me gusta cualquiera. 나는 어떤 것이든지 좋아.
- hasta luego : 안녕히 가세요, 나중에 봐요, 또 오세요 등 상황에 따라 다르게 해석할 수 있다.

대화 ❸ 교실에서 인사하기

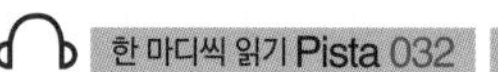

한 마디씩 읽기 Pista 032 | 전체 읽기 Pista 033

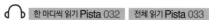

	올라 메 야모 수미 소이 꼬레아나 데 세울
Sumi	Hola, me llamo Sumi. Soy coreana, de Seúl.
	미 놈브레 에스 한스 소이 알레만 데 베를린
Hans	Mi nombre es Hans. Soy alemán, de Berlín.
	올라 소이 프랑세사 데 빠리스
Chloe	Hola, soy francesa, de París.
	올라 소이 잉그레사 데 론드레스
Cristina	Hola, soy inglesa, de Londres.
	부에노스 디아스 메 야모 까르멘 보이 아 세르 부에스뜨라 쁘로페소라 데 에스빠뇰 에스또스 뜨레스 메세스
Profesora	Buenos días. Me llamo Carmen. Voy a ser vuestra profesora de español estos tres meses.
	부에노스 디아스 쁘로페소라
Alumnos	Buenos días, profesora.

어휘 설명

- alemán 독일 남성
- francesa 프랑스 여성
- inglesa 영국 여성

대화 내용 핵심 포인트

◆ Voy a ser vuestra profesora de español.
- 'ir a + 동사원형'은 이미 언급한 적이 있는데 '~할 예정이다'라는 뜻이다. 미래를 대신할 수 있으며 많이 사용되는 유형이므로 꼭 알아두자.

◆ estos tres meses : 이번 3개월 동안
estos는 지시형용사 este의 복수형이며, meses는 mes(달)의 복수형이다.

수미 안녕, 내 이름은 수미야. 난 한국 사람이고 서울에서 왔어.
한스 내 이름은 한스야. 난 독일 사람이고 베를린 출신이야.
클로이 안녕, 난 프랑스 사람이고 파리에서 왔어.
크리스티나 안녕. 난 영국 사람이고 런던에서 왔어.
선생님 좋은 아침입니다. 제 이름은 까르멘이에요. 이번 3달 동안 여러분의 스페인어 선생님입니다.
학생들 안녕하세요, 선생님.

연습문제

01 Audición Pista 034

다음을 듣고 빈칸을 채워 보세요.

A Hay que pagar __________ el banco.

B ¿A qué hora __________ la clase?

C Voy a __________ vuestra profesora de español

02 Lectura Pista 035

의미를 생각하면서 읽어 보세요.

A ¿Se puede pagar aquí? Tiene que rellenarlo con sus datos y pagar la matrícula.

B Puede consultar cualquier duda en nuestra página web.

C Hola, soy francesa, de París.

03 Escritura

주어진 단어를 바르게 배열하여 문장을 완성해 보세요.

A sus, con, Tiene, rellenarlo, datos, que

____.

B tres, profesora, de, español, meses, Soy, estos

____.

C cualquier, duda, Puede, en, nuestra, página, web, consultar

____.

04 Conversación

다음 주어진 문장을 사용해 상황에 맞게 말해 보세요.

Tienes que rellenar este impreso con tus datos.

Hola, me llamo Sumi. Soy coreana, de Seúl. ¿De dónde sois?

어휘 익히기

#등록창구

- □ requisitos 입학조건
- □ clase 수업
- □ comprobar 확인하다
- □ plaza 자리
- □ seminario 세미나
- □ conferencia 컨퍼런스
- □ costo 등록 비용
- □ frecuencia 수업 일수
- □ nivel 수준
- □ terminación 수료(이수)
- □ impreso 서식
- □ aula 강의실
- □ datos 자료
- □ matrícula 등록
- □ rellenar 채우다
- □ curso 과정
- □ beca 장학금

#교실

- □ ordenador 컴퓨터
- □ pantalla 스크린
- □ tiza 분필
- □ alumno 학생
- □ mesa 탁자
- □ cable 케이블
- □ un aula digital(~ multimedia) 멀티미디어 강의실
- □ pizarra táctil 터치 칠판
- □ silla 의자

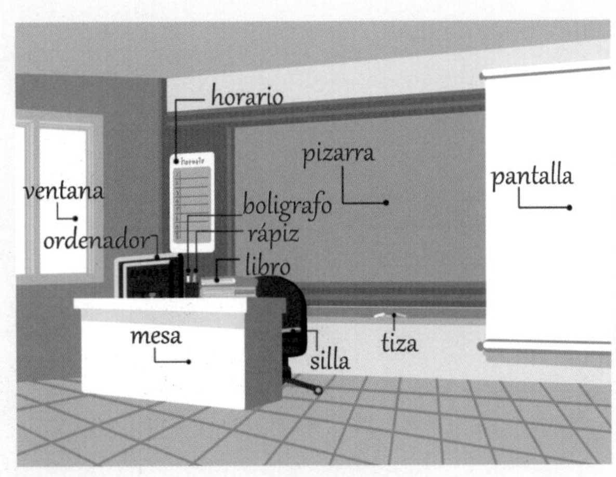

UNIDAD 06

쇼핑하기

Ir de compras

핵심 포인트

□ saber와 conocer 동사
□ 부정어

스페인 보케리아 시장

구문 및 문법 핵심 포인트

saber와 conocer 동사

saber : (어떤 사실, 지식, 정보 등을) 알다

- **No sé dónde está mi madre.** 우리 엄마가 어디 계신지 모르겠다.
- **¿Sabes dónde está María?** 너는 마리아가 어디 있는지 아니?

＊ sabe a~ : ~ 맛이 난다

- **Este helado sabe a fresa.** 이 아이스크림은 딸기 맛이 난다.

conocer : (사람을 알거나 장소를 가 보았거나 경험을 통해) 알다

- **¿Conoces a José?** 너 호세 아니?
- **¿Conoces algún lugar barato?** (가 본 장소 중에서) 싼 곳을 아니?
- **¿Conoces bien Segovia?** (세고비아에 가 본 적이 있어서) 너는 세고비아 잘 아니?

부정어

alguno(어떤 ~), ninguno(어떠한 것도), alguien(누군가), nadie(아무도), algo(뭔가), nada(아무것도)

		긍정		부정	
		남성	여성	남성	여성
형용사	단수	algún	alguna	ningún	ninguna
	복수	algunos	algunas	ningunos	ningunas
대명사	단수	alguno	alguna	ninguno	ninguna
	복수	algunos	algunas	ningunos	ningunas
대명사	사람	alguien		nadie	
	사물	algo		nada	

alguno(어떤 ~)

A ¿Hay algún restaurante español cerca de aquí? 이 근처에 스페인 레스토랑이 있나요?

B Sí, hay alguno. 네, 있어요. / No, no hay ninguno. 아니요, 없어요.

ninguno(어떠한 것도)

- No tengo ningún problema. 아무 문제도 없어요.

* alguno, ninguno는 남성 명사 앞에서 'o'가 탈락하면서 강세 위치를 유지하기 위해 강세 부호를 찍는다.

alguien(누군가)

A ¿Hay alguien en casa? 집에 누군가 있나요?

B Sí, hay alguien. 네, (누군가) 있어요. / No, no hay nadie. 아니요, 아무도 없어요.

nadie(아무도)

Nadie sabe hablar español. 아무도 스페인어를 할 줄 모른다.

algo(뭔가)

Tengo algo de comer en casa. 집에 뭔가 먹을 것이 있다.

nada(아무것도)

No tengo nada de comer en casa. 집에 먹을 게 아무것도 없어.

Nada me falta. 내게 부족함이 없다.

동사 익히기

직설법 현재

동사	동사 변화	예문
comprar 사다	compro, compras, compra, compramos, compráis, compran	Compras un vino a mis amigos. 너는 내 친구들에게 줄 와인을 하나 산다.
saber 알다	sé, sabes, sabe, sabemos, sabéis, saben	No sé por qué me amas. 나는 네가 왜 나를 사랑하는지 모르겠어.
conocer 알다	conozco, conoces, conoce, conocemos, conocéis, conocen	Conocen bien Granada. 그들은 그라나다를 (가 봐서) 잘 안다.
recomendar 추천하다	recomiendo, recomiendas, recomienda, recomendamos, recomendáis, recomiendan	Te recomiendo esta telenovela. 나는 너한테 이 연속극을 추천할게.
comer 먹다	como, comes, come, comemos, coméis, comen	Comemos paella valenciana. 우리들은 발렌시아 빠에야를 먹는다.
parecer -인 것 같다	parezco, pareces, parece, parecemos, parecéis, parecen	Pareces una princesa. 너는 공주같아.
acompañar 동행하다	acompaño, acompañas, acompaña, acompañamos, acompañáis, acompañan	El vino tinto acompaña bien al queso, las aceitunas y el chorizo. 레드 와인은 치즈, 올리브 및 초리소와 잘 어울린다.
desear 원하다	deseo, deseas, desea, deseamos, deseáis, desean	Deseo un coche nuevo. 나는 새 차를 원한다.
probar 시도하다	pruebo, pruebas, prueba, probamos, probáis, prueban	Ella prueba el pescado y yo pruebo el marisco. 그녀는 생선을 먹고 나는 해산물을 먹어 본다.
quedar 어울리다	quedo, quedas, queda, quedamos, quedáis, quedan	Te queda bien la chaqueta negra. 검은색 재킷이 너한테 잘 어울린다.
llevar 지니다	llevo, llevas, lleva, llevamos, lleváis, llevan	Juan lleva gafas de sol. 후안은 선그라스를 끼고 있다.
costar 비용이 들다	cuesto, cuestas, cuesta, costamos, costáis, cuestan	Cuesta 2,53(dos con cincuenta y tres) euros el kilo. 킬로 당 2유로 53센트이다. * 우리나라와 달리 소수점(점) 자리에는 콤마(,)를, 천 단위)에는 점(.)을 찍는다. 우리와 반대임을 명심하자!

대화 ❶ 쇼핑과 먹거리 추천하기

한 마디씩 읽기 Pista 036 전체 읽기 Pista 037

Sumi — 부에노스 디아스 끼에로 꼼쁘라르 우나스 팔다스
Buenos días, quiero comprar unas faldas.
노 세 아 돈데 뿌에도 이르 꼬노세스 알군 루가르 바라또
No sé a dónde puedo ir. ¿Conoces algún lugar barato?

Ana — 씨 끌라로 떼 레꼬미엔도 라 소나 데 라 뿌에르따 델 솔
Sí, claro. Te recomiendo la zona de la Puerta del Sol.

Sumi — 이 땀비엔 끼에로 꼬메르 알고 뜨라디시오날 데 마드릳
Y también quiero comer algo tradicional de Madrid.

Ana — 아이 아이 알구노스 레스따우란떼스 무이 띠삐꼬스
Allí hay algunos restaurantes muy típicos.

Sumi — 아 씨
Ah, ¿sí?

Ana — 께 떼 빠레세 시 바모스 훈따스 떼 아꼼빠뇨
¿Qué te parece si vamos juntas? Te acompaño.

어휘 설명

- falda 치마
- lugar 장소
- barato 싼
- claro 물론
- zona 지역
- puerta 문
- sol 태양
- también 또한
- algo 어떤 것
- tradicional 전통적인
- allí 저기
- alguno 몇몇의
- restaurante 레스토랑
- típico 전형적인

수미 안녕, 치마를 사고 싶은데. 어디로 가야 할지 모르겠어. 너 싼 데 좀 알고 있니?
아나 그럼. 너한테 솔 광장 부근을 추천해.
수미 그리고 마드리드의 전통적인 것도 좀 먹고 싶어.
아나 거기에 아주 전통적인 레스토랑들이 있어.
수미 아, 그래?
아나 우리 함께 가는 게 어때? 내가 너랑 같이 가 줄게.

대화 내용 핵심 포인트

◆ ¿Qué te parece si ~? : '~하는 게 어때?', 즉 상대방에게 의사를 물어보는 표현이다.
- ¿Qué te parece si nos vamos juntas? 우리 같이 가는 게 어때?
- ¿Qué te parece si tomamos vino? 우리 포도주 마시는 게 어때?

대화 ❷ 옷 가게에서 옷 입어 보기

한 마디씩 읽기 Pista 038 | 전체 읽기 Pista 039

Dependienta ¡Hola! ¿Qué desea?
(올라 께 데세아)

Sumi Quiero comprar unas faldas.
(께에로 꼼쁘라르 우나스 팔다스)

Dependienta ¿De qué talla?
(데 께 따야)

Sumi Pues… no sé, la 29 ó 30.
(뿌에스 노 세 라 29(베인띠누에베) 오 30(뜨레인따))

Dependienta Aquí las tenemos negras y grises.
(아끼 라스 떼네모스 네그라스 이 그리세스)
Allí está el probador.
(아이 에스따 엘 쁘로바도르)

Sumi Gracias, voy a probármelas.
(그라시아스 보이 아 쁘로바르메라스)

어휘 설명

- dependienta 여종업원
- talla 사이즈
- pues 글쎄요, 음…
- aquí 여기
- negra 검은색
- gris 회색
- probador 탈의실

대화 내용 핵심 포인트

- talla : 사이즈를 의미하는데 우리나라와는 수치가 다르다.
  - 신발의 경우에는 número를 사용한다.
    ¿Qué número calza? 신발은 몇 사이즈 신으세요?
- las tenemos negras y grises : 여기에서 las는 치마, 즉 las faldas를 의미하며 목적격대명사 las로 받는다.
- probármelas : 본동사 probarse 뒤에 치마를 받는 직접목적격 las가 붙는다. 이 경우 동사의 강세 위치가 달라지지 않도록 본래 동사의 강세 위치에 악센트 부호(tilde)를 더해 주어야 한다.

여종업원 안녕하세요, 무엇을 원하세요?
수미 치마를 사고 싶은데요.
여종업원 사이즈는요?
수미 글쎄요, 잘 모르겠어요. 29나 30이요.
여종업원 여기 검은색과 회색 치마가 있습니다. 저기 탈의실이 있어요.
수미 고맙습니다, 치마를 입어 봐야겠네요.

대화 ③ 옷 구입하기

한 마디씩 읽기 Pista 040 | 전체 읽기 Pista 041

Sumi Ana, ¿cómo me quedan estas faldas?
(아나 꼬모 메 께단 에스따스 팔다스)

Ana Te quedan bien.
(떼 께단 비엔)

Sumi ¿De verdad? Me las llevo. ¿Cuánto cuestan estas faldas?
(데 베르닫 메 라스 예보 꾸안또 꾸에스딴 에스따스 팔다스)

Dependienta Estas están rebajadas. Sólo cuestan 38 euros.
(에스따스 에스딴 레바하다스 솔로 꾸에스딴 38(뜨레인따 이 오초) 에우로스)

Sumi ¿Puedo pagar con tarjeta de crédito?
(뿌에도 빠가르 꼰 따르헤따 데 끄레디또)

Dependienta Sí, claro. Muchas gracias.
(씨 끌라로 무차스 그라시아스)

어휘 설명

- ¿cuánto cuesta? 얼마입니까?
- rebajadas 가격 인하가 된
- sólo 단지
- euro 유로
- tarjeta de crédito 신용카드
- claro 물론

수미 아나야, 이 치마 나한테 잘 어울려?
아나 너한테 참 잘 어울린다.
수미 정말? 나 이 치마 살래. 이 치마 얼마예요?
여종업원 이 치마는 세일 중입니다. 단지 38유로입니다.
수미 신용카드로 계산해도 되나요?
여종업원 네, 그럼요. 고맙습니다.

대화 내용 핵심 포인트

- ¿Cómo me quedan? : 치마가 본인에게 어울리는지 묻는 표현이다.
  - Te quedan bien. 너한테 잘 어울려.
  - Me queda un poco grande la chaqueta. 재킷이 나한테 조금 크네.
- Me las llevo : las는 las faldas를 직접목적격으로 받고 있으며 llevar 동사와 함께 쓰여서 치마를 가지고 가겠다, 즉 사겠다는 의미이다.

연습문제

01 Audición Pista 042

다음을 듣고 빈칸을 채워 보세요.

A No ________ a dónde ________ ir.

B Aquí ________ tenemos negras y ________.

C ¿Puedo pagar con tarjeta de ________?

02 Lectura Pista 043

의미를 생각하면서 읽어 보세요.

A ¿Qué te parece si tomamos vino?

B Quiero comprar unas faldas.

C Estas faldas están rebajadas. Sólo cuestan 38 euros.

03 Escritura

주어진 단어를 바르게 배열하여 문장을 완성해 보세요.

A fresa, Este, sabe, helado, a

____.

B el, Allí, probador, está

____.

C estas, cuestan, Cuánto, faldas, ¿, ?

____.

04 Conversación

다음을 보고 상황에 맞는 대화를 해 보세요.

어휘 익히기

#옷의 종류

- □ falda 치마
- □ jersey 스웨터
- □ camisa 셔츠
- □ abrigo 외투
- □ corbata 넥타이
- □ zapato 신발
- □ bufanda 목도리
- □ pantalones 바지
- □ vaqueros 청바지
- □ camiseta T-셔츠
- □ calcetines 양말
- □ blusa 블라우스
- □ botas 장화

#색깔

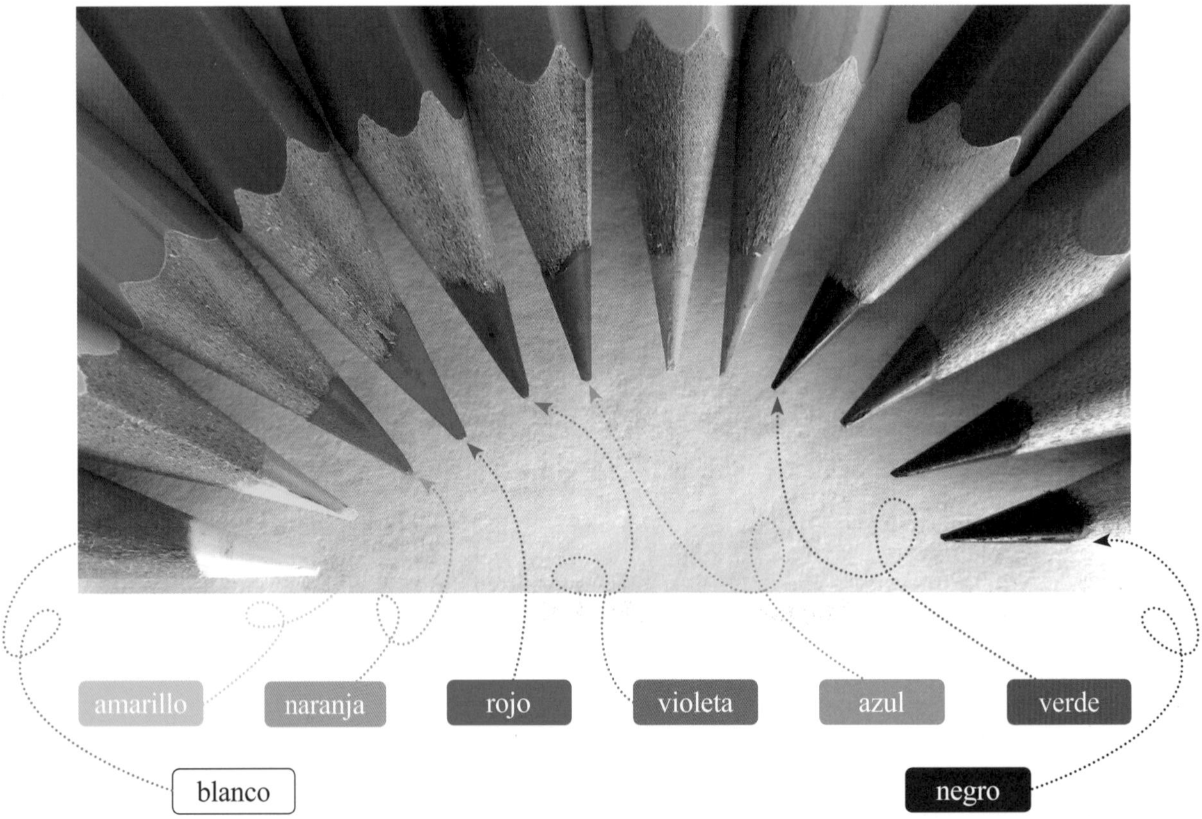

amarillo naranja rojo violeta azul verde

blanco negro

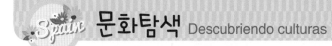

문화탐색 Descubriendo culturas

Puerta del Sol

스페인 마드리드의 대표적인 광장 중 하나로 마드리드 시민에게 사랑을 받는 장소이면서 관광객들이 놓치면 안 될 명소이다. 솔 광장 주변으로는 스페인 최대 백화점 El Corte Inglés(엘 꼬르떼 잉글레스)가 있다. 12월 31일 자정에는 새해를 맞이하고 축하하기 위해 많은 시민들이 손에 포도 12알을 들고 모여 든다. 광장의 시계탑에서 울려 나오는 12번의 소리에 맞추어 포도 12알을 먹으면서 새해를 맞이하며 기쁨과 소망을 더불어 나누는 공간이 되기도 한다.

재래시장

스페인은 백화점 외에 재래시장도 볼거리가 많다. 재래시장은 각 도시마다 크게 형성되어 있으며, 관광객의 발걸음을 유혹한다. 마드리드의 경우 현대식으로 리모델링된 산 미겔 재래시장(Mercado de San Miguel)이 유명하다. 이곳에서는 스페인의 각종 음식을 저렴한 가격으로 맛 볼 수 있다. 한편 일요일마다 열리는 벼룩시장(el Rastro)도 꼭 들러 보아야 할, 시민에 의한 시민을 위한 장터다.

UNIDAD 07

레스토랑에서

En el restaurante

핵심 포인트

□ gustar 동사
□ 재귀동사

스페인 대표 음식: 가스빠초와 빠에야

구문 및 문법 핵심 포인트

gustar 동사

'좋아하다', '마음에 들다'라는 뜻의 gustar 동사는 일반 동사와는 달리 주어와 목적어를 바꾸어 쓰는 역구조 동사다.

gustar 동사의 특수 용법을 잘 이해하자.

예를 들면 '나는 커피를 좋아한다'는 문장에서 실질적인 주어가 목적어로, 목적어가 주어로 쓰이는 형태이다. 그러므로 A mí me gusta el café로 써야 한다. 다른 예로 '나는 동물들을 좋아한다'는 'Yo gusto los aminales'가 아닌 'A mí me gustan los animales.'로 써야 한다.

gustar 동사의 용법				
(A mí)	Me	gusta	el cine.	나는 영화를 좋아한다.
		gustan	los deportes.	나는 스포츠를 좋아한다.
(A ti)	Te	gusta	la flor.	너는 꽃을 좋아한다.
		gustan	las flores.	너는 꽃들을 좋아한다.
(A él, a ella, a Ud.)	Le	gusta	la canción coreana.	그(그녀, 당신)는 한국 노래를 좋아한다.
		gustan	las canciones coreanas.	그(그녀, 당신)는 한국 노래들을 좋아한다.
(A nosotros/~as)	Nos	gusta	jugar al fútbol.	우리들은 축구를 좋아한다.
		gustan	los niños.	우리들은 어린아이들을 좋아한다.
(A vosotros/~as)	Os	gusta	la comida española.	너희들은 스페인 음식을 좋아한다.
		gustan	los animales.	너희들은 동물들을 좋아한다.
(A ellos, a ellas, a Uds.)	Les	gusta	el café colombiano.	그들(그녀들, 당신들)은 콜롬비아 커피를 좋아한다.
		gustan	las frutas.	그들(그녀들, 당신들)은 과일들을 좋아한다.

문장의 구조에서 'a+대명사(a mí, a ti, a Ud., a él 등)'는 좋아하는 사람이 누구인지 명확하게 하거나 강조할 때 사용한다.

gustar처럼 쓰이는 역구조 동사로는 encantar, parecer, doler, interesar, faltar, quedar, molestar 등이 있다.

재귀동사

주어의 행위가 자신에게 미치는 것을 나타내는 동사를 재귀동사라고 하며 반드시 재귀 대명사를 동반한다.

- 타동사와 재귀동사의 변화형 비교

	despertar 깨우다(타동사)	despertarse 깨다(재귀동사)		acostar 재우다(타동사)	acostarse 자다(재귀동사)	
Yo	despierto	me	despierto	acuesto	me	acuesto
Tú	despiertas	te	despiertas	acuestas	te	acuestas
Él, Ella, Ud.	despierta	se	despierta	acuesta	se	acuesta
Nosotros(~as)	despertamos	nos	despertamos	acostamos	nos	acostamos
Vosotros(~as)	despertáis	os	despertáis	acostáis	os	acostáis
Ellos, Ellas, Uds.	despiertan	se	despiertan	acuestan	se	acuestan

- 재귀동사의 사용 예문

	재귀대명사	재귀동사 예문	우리말 해석
Yo	me	Me levanto a las seis de la mañana.	나는 아침 6시에 일어난다.
Tú	te	Te lavas las manos antes de comer.	너는 식사 전에 손을 씻는다.
Él, Ella, Ud.	se	Se despierta a las ocho.	그(그녀, 당신)는 8시에 잠에서 깬다
Nosotros(~as)	nos	Nos acostamos a las once de la noche.	우리들은 밤 11시에 잠자리에 든다.
Vosotros(~as)	os	Os maquilláis en el tocador.	너희들은 화장대에서 화장한다.
Ellos, Ellas, Uds.	se	Se visten en el probador.	그들은 탈의실에서 옷을 입는다.

재귀동사 : afeitarse(면도하다), vestirse(옷을 입다), sentarse(앉다), ducharse(샤워하다), lavarse(씻다), levantarse(일어나다), peinarse(머리를 빗다), cepillarse(이를 닦다) 등

- 문장을 통해 본 타동사와 재귀동사 사용의 이해
  - Yo acuesto a mis hijos. 나는 아이들을 재운다.
    Yo me acuesto muy tarde. 나는 늦게 잔다.
  - Ellos ponen el abrigo sobre la mesa. 그들은 외투를 탁자 위에 놓는다.
    Ellos se ponen el abrigo. 그들은 외투를 입는다.

동사 익히기

직설법 현재

동사	동사 변화	예문
traer 가지고 오다	traigo, traes, trae, traemos, traéis, traen	¿Nos trae la cuenta, por favor? 우리들에게 계산서를 가져다 주시겠습니까?
beber 마시다	bebo, bebes, bebe, bebemos, bebéis, beben	No bebe alcohol ni fuma. 그는 술도 안 마시고 담배도 피우지 않는다. *no A ni B : A도 B도 안 한다
cocinar 요리하다	cocino, cocinas, cocina, cocinamos, cocináis, cocinan	Os enseñamos cómo se cocina una paella valenciana. 우리들이 너희들에게 어떻게 발렌시아식 빠에야를 요리하는지 가르쳐 줄게.
practicar 연습하다	practico, practicas, practica, practicamos, practicáis, practican	Practicamos cómo conjugar los verbos españoles. 우리들은 스페인어 동사 변화를 어떻게 하는지 연습한다.
servir 돕다	sirvo, sirves, sirve, servimos, servís, sirven	¿En qué puedo servirle? 제가 무엇을 도와드릴까요?

대화 ❶ 전통적인 레스토랑에 가기

한 마디씩 읽기 Pista 044 전체 읽기 Pista 045

Ana — 뽀르 핀 에스따모스 엔 운 레스따우란떼 띠삐꼬 마드릴레뇨 라 따베르나 데 라 다니엘라 이 아 띠 께 떼 구스따리아 꼬메르
Por fin estamos en un restaurante típico madrileño, la Taberna de la Daniela. Y a ti, ¿qué te gustaría comer?

Sumi — 메 구스따리아 쁘로바르 엘 꼬씨도 마드릴레뇨
Me gustaría probar el cocido madrileño.

Camarero — 꾸안따스 뻬르소나스 손 우스떼데스
¿Cuántas personas son Uds.?

Ana — 소모스 도스
Somos dos.

Camarero — 뽀르 파보르 뽀르 아끼
Por favor, por aquí.

Sumi y Ana — 그라시아스
Gracias.

어휘 설명

- por fin 드디어, 마침내
- madrileño 마드리드의
- cocido 스튜
- persona 사람

대화 내용 핵심 포인트

- gustaría : gustar 동사의 가정미래형으로 정중하게 의사를 표현할 때 사용한다.
  - Me gustaría probar ~ 저는 ~을 (시험, 테스트) 해 보고 싶은데요. (정중한 표현)
  - Me gustaría comprar una falda corta. 저는 짧은 치마를 하나 사고 싶은데요.
  - Me gustaría hacerlo. 저는 그것을 하고 싶은데요.
- por favor : 다른 사람에게 호의를 요구할 때 꼭 사용하자. 스페인어는 잘하지만 por favor(please), gracias(thanks), perdón(excuse me) 이 세 단어를 제때 사용하지 못해 좋은 관계로 발전할 수 없기도 한다.

아나 드디어 '다니엘라 따베르나'라는 마드리드의 전통 음식점에 왔네. 수미야, 너는 뭘 먹을래?
수미 나는 마드리드식 스튜를 먹어 보고 싶어.
웨이터 모두 몇 분이신가요?
아나 두 명입니다.
웨이터 이쪽으로 안내해 드릴게요.
수미& 아나 고맙습니다.

대화 ❷ 음식 주문하기

한 마디씩 읽기 Pista 046 전체 읽기 Pista 047

노스 뿌에데 뜨라에르 엘 메누 뽀르 파보르
Ana ¿Nos puede traer el menú, por favor?

아끼 띠에넨 라 까르따 레스 레꼬미엔도 엘 꼬씨도 마드릴레뇨
Camarero Aquí tienen la carta. Les recomiendo el cocido madrileño.

빠라 미 엘 꼬씨도 뽀르 파보르
Sumi Para mí el cocido, por favor.

노 세 노 뗑고 무차 암브레 요 끼에로 운 가스빠초 이 우나 라시온 데 하몬 이베리꼬
Ana No sé, no tengo mucha hambre... yo quiero un gazpacho y una ración de jamón ibérico.

이 빠라 베베르 께 반 아 또마르
Camarero Y para beber, ¿qué van a tomar?

노스 뜨라에 우나 하ㄹ라 데 상그리아 뽀르 파보르
Ana Nos trae una jarra de sangría, por favor.

어휘 설명

- carta 메뉴판
- para ~을 위하여
- hambre 배고픔
- ración 접시
- ibérico 이베리아의

아나 메뉴판 좀 주실래요?
웨이터 여기 메뉴판이 있습니다. 마드리드식 스튜를 추천해 드리고 싶습니다.
수미 저는 스튜로 부탁합니다.
아나 글쎄요, 저는 그리 배가 고프지 않네요. 전 가스빠초와 이베리아식 하몬 한 접시 주세요.
웨이터 마실 것으로는 무엇을 하시겠습니까?
아나 상그리아 한 병 가져다 주세요.

대화 내용 핵심 포인트

- **gazpacho** : 스페인 남부의 안달루시아 지방의 대표적인 음식으로 딱딱해진 바게트 빵 조각에 토마토와 양파, 샐러리, 오이 등 야채를 갈아 만든 냉스프다.
- **jamón** : 돼지 뒷다리를 일정 기간 소금에 절여 숙성 건조시킨 스페인의 대표적인 염장 식품이다. 최상급은 도토리(bellota)를 먹인 것으로 하나에 150만 원까지도 호가한다. 바게트 빵에 하몬과 치즈를 넣으면 스페인식 샌드위치이다.
- **jarra de sangría** : jarra는 유리로 만든 항아리 모양의 병을 의미하며, 상그리아는 포도주에 각종 과일을 넣어 차게 해서 먹는 칵테일의 일종이다.

대화 ❸ 식사하면서 좋아하는 것 말하기

한 마디씩 읽기 Pista 048 | 전체 읽기 Pista 049

Sumi
아 띠 께 떼 구스따 아나
¿A ti qué te gusta, Ana?

Ana
아 미 메 구스딴 라 사르수엘라 이 라 무시까 K-pop 뽀르
A mí me gustan la *zarzuela* y la música *K-Pop* por
라 인플루엔시아 데 라 할류 이 아 띠 수미 께 떼
la influencia de la *Hallyu*. Y a ti, Sumi, ¿qué te
구스따
gusta?

Sumi
메 구스따 무초 꼬시나르 이 쁘락띠까르 데뽀르떼스
Me gusta mucho cocinar y practicar deportes.
미 파보리또 에스 엘 떼니스
Mi favorito es el tenis.

Camarero
이 데 뽀스뜨레 께 데세안 또마르
Y de postre, ¿qué desean tomar?

Ana y Sumi
께레모스 운 플란 데 우에보 이 오뜨로 꼰 나따 뽀르
Queremos un flan de huevo y otro con nata, por
파보르
favor.

Camarero
엔세기다 세 로스 시르보
Enseguida se los sirvo.

어휘 설명

- influencia 영향
- favorito 좋아하는
- de postre 디저트로는
- flan 플란
- huevo 달걀
- nata 생크림
- enseguida 바로, 즉시

대화 내용 핵심 포인트

- Zarzuela : 사르수엘라는 스페인식 오페레타로 이야기의 줄거리는 대화나 독백으로 처리하고 중요한 대목에 노래를 넣는 음악극이다.
- Mi favorito es el tenis. 내가 좋아하는 것은 테니스예요.
  - Mi equipo favorito es el Real Madrid. 내가 좋아하는 팀은 레알마드리드이다.
  - Mi canción favorita es '¿Quién me ha robado el mes de abril?' de Joaquín Sabina. 내가 좋아하는 노래는 호아낀 사비나의 '¿Quién me ha robado el mes de abril?'이다.

수미 아나야, 넌 뭘 좋아해?
아나 난 사르수엘라와 한류 영향으로 k-pop을 좋아해. 수미야 너는 무엇을 좋아하니?
수미 나는 요리하는 것과 운동하는 것을 좋아해. 제일 좋아하는 운동은 테니스야.
웨이터 후식으로는 뭘 드시겠습니까?
아나 & 수미 계란 플란 하나와 생크림 플란 주세요.
웨이터 곧 갖다 드리겠습니다.

연습문제

01 Audición Pista 050

다음을 듣고 빈칸을 채워 보세요.

A Me ________ probar el cocido madrileño.

B ¿Nos puedes ________ el menú, por favor?

C Enseguida ________ los sirvo.

02 Lectura Pista 051

의미를 생각하면서 읽어 보세요.

A Por fin estamos en un restaurante típico madrileño, la Taberna de la Daniela.

B Quiero un gazpacho y una ración de jamón ibérico.

C Queremos un flan de huevo y otro con nata, por favor.

03 Escritura

주어진 예문과 같이 gustar 동사를 이용해 문장을 완성해 보세요.

> 예 A él le gusta viajar.

A A Ud. ________________ jugar al tenis.

B A todos ________________ opinar.

C A mis amigos ________________ los museos.

D A mí ________________ los libros.

E A ti y a mí ________________ cantar y bailar.

04 Conversación

다음을 보고 상황에 맞는 대화를 해 보세요.

Les recomiendo
el cocido
madrileño.

No sé, no tengo
mucha hambre.

Me gusta cocinar y
practicar deportes.
Y a ti,
¿qué te gusta hacer?

#레스토랑에서 접할 수 있는 용어

□ vaso 물컵

□ agua 물

□ agua mineral sin gas 비탄산수

□ refresco 청량 음료수

□ ensalada 샐러드

□ patatas fritas 감자튀김

□ chorizo 초리소

□ salchicha 소시지

□ boquerones en vinagre 식초에 절인 멸치 일종

□ gazpacho 가스빠초

□ paella 빠에야

□ queso 치즈

□ jamón 하몬

□ menú 메뉴

□ tapa 안주

□ servilleta 냅킨

□ plato 접시

□ tenedor 포크

□ cuchara 숟가락

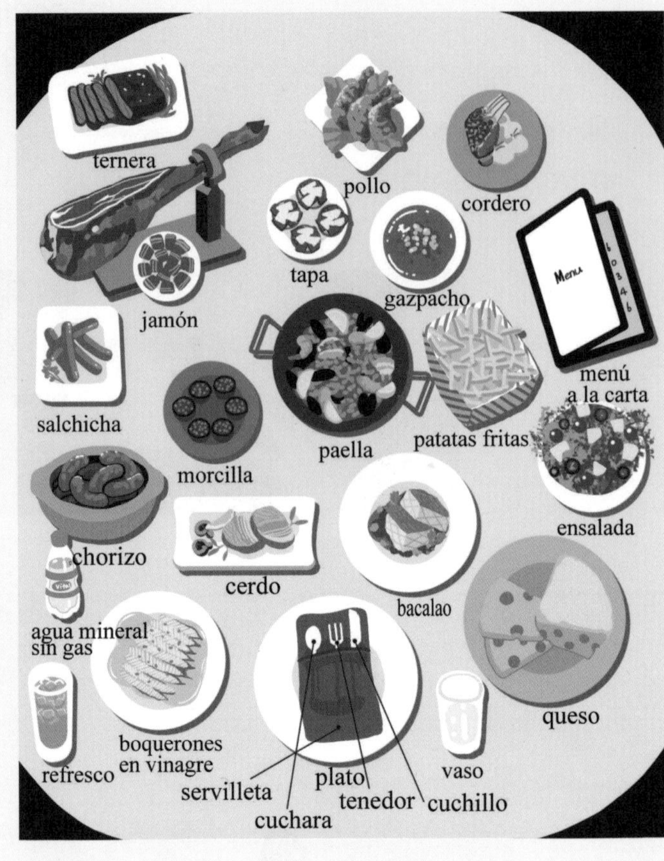

□ cuchillo 나이프

□ copa 술잔

□ taza 머그잔

□ ternera 소고기

□ pollo 닭고기

□ cerdo 돼지고기

□ cordero 양고기

□ bacalao 대구

aperitivo	plato principal	bebida	postre

ensalada mixta(샐러드 믹스) 또는 gazpacho라는 스페인 남부 안달루시아 지방의 전통 냉 스프 등	생선류나 고기류	백포도주(vino blanco), 적포도주(vino tinto)	natillas(커스터드 크림류), flanes(푸딩류), mazapán(마사빵), arroz con leche(라이스 푸딩)

스페인 레스토랑 또는 서양식 레스토랑에서 식사를 주문할 때 조금의 에티켓을 생각해야 한다. 통상 입구에서 자리 안내를 받아야 하며, 착석 후 식사 코스는 보통 aperitivo(전채) - plato principal(메인 요리) - bebida(음료) - postre(디저트) 순으로 나온다. 웨이터에게 메뉴판을 요청하거나 복잡한 경우 간편하게 그날의 특별 메뉴인 menú del día를 주문할 수도 있다.

스페인의 식사 시간

직장인은 출근하면서 또는 출근 후 잠시 나와 cafetería에서 커피와 샌드위치 등으로 아침을 해결한다. 점심 시간이 특이한데 레스토랑은 통상 2시부터 손님을 맞는다. 스페인의 점심 시간은 2시부터 약 두세 시간이나 된다. 저녁은 9시 이후이다.

이러한 오래된 관습은 스페인이 유럽 회원국이 된 이래 다른 유럽 국가들과의 소통이 원활하게 되지 않는 문제점을 낳았다. 지속된 스페인 경제의 위기, 높은 실업률, 다국적기업의 진출로 인한 근무시간 조정 등 대내외적 요인으로 인해 개선될 조짐이 보이고 있다. 그러나 점심의 여유와 맛을 음미하는 것은 변하지 않을 것이다.

UNIDAD 08

봄, 여름, 가을 그리고 겨울

Primavera, Verano, Otoño e Invierno

핵심 포인트

□ 날씨 표현
□ 날짜 표현

스페인 시벨레스 광장

구문 및 문법 핵심 포인트

날씨 표현

주로 hacer 동사를 활용하며 비인칭 표현이므로 3인칭 단수 'hace'를 사용한다.

- ¿Qué tiempo hace hoy? 오늘 날씨 어때?

  - Hace
    - sol. 화창한 날씨다.
    - calor. (날씨가) 덥다.
    - frío. (날씨가) 춥다.
    - viento. 바람이 분다.
    - buen tiempo. 날씨가 좋다.
    - fresco. 선선하다

- 그러나 hay, ser 및 estar 동사 등도 사용될 수 있다.

  - Hay
    - sol. 해가 나 있다.
    - niebla. 안개가 끼어 있다.
    - nubes. 구름이 있다.
    - tormenta. 폭풍우가 친다.

  - Es lluvioso. 비가 많이 온다.
  - El clima es agradable. 기후가 좋다.

  - Está despejado. 날씨가 맑게 개어 있다.
  - Está nevando. 눈이 내리고 있다.

  - Nieva(nevar) 눈이 온다.
  - Llueve(llover) 비가 온다.

날짜 표현

mes 달

1월	2월	3월	4월	5월	6월
enero	febrero	marzo	abril	mayo	junio
7월	8월	9월	10월	11월	12월
julio	agosto	septiembre	octubre	noviembre	diciembre

- **¿En qué mes estamos?** 지금 몇 월이지요?

  Estamos en septiembre. 9월입니다.

- **Mi mes favorito es mayo.** 내가 좋아하는 달은 5월이다.

día 요일

월요일	화요일	수요일	목요일	금요일	토요일	일요일
lunes	martes	miércoles	jueves	viernes	sábado	domingo

- **¿Qué día es hoy?** 오늘이 무슨 요일이니?

  Hoy es viernes, mañana es sábado y pasado mañana es domingo.
  오늘은 금요일이고, 내일은 토요일, 모레는 일요일입니다.

- **No tengo clase los lunes.** 매주 월요일에 나는 수업이 없어요.

* 요일에 복수형을 붙이면 매주 해당 요일을 의미한다.

fecha 날짜

- **¿Qué fecha es hoy?** 오늘은 며칠입니까?

  Hoy es 22 de noviembre. 오늘은 11월 22일입니다.

  *estar와 ser 동사로 날짜를 물을 때 답도 같은 동사로 맞추어야 한다.

- **¿A qué día estamos hoy?** 오늘은 몇 월 며칠입니까?

  Hoy estamos a 22 de noviembre. 오늘은 11월 22일입니다.

날짜에는 정관사가 붙지 않지만 특정한 날인 경우에는 정관사가 붙는다.

- **El 25 de junio es mi cumpleaños.** 6월 25일은 내 생일이다.

동사 익히기

동사 및 시제	동사 변화	예문
직설법 현재		
acostarse 잠자리에 들다	me acuesto, te acuestas, se acuesta, nos acostamos, os acostáis, se acuestan	Me acuesto temprano. 나는 일찍 잠자리에 든다.
levantarse 일어나다	me levanto, te levantas, se levanta, nos levantamos, os levantáis, se levantan	Te levantas tarde. 너는 늦게 일어난다.
madrugar 새벽에 일어나다	madrugo, madrugas, madruga, madrugamos, madrugáis, madrugan	Ella madruga siempre. 그녀는 항상 새벽에 일어난다.
dormir 자다	duermo, duermes, duerme, dormimos, dormís, duermen	Dormimos bien por la noche. 우리들은 밤에 잠을 잘 잔다.
preguntar 질문하다	pregunto, preguntas, pregunta, preguntamos, preguntáis, preguntan	Preguntáis mucho. 너희들은 질문이 많구나.
venir 오다	vengo, vienes, viene, venimos, venís, vienen	Tras la tormenta viene la calma. 폭풍우 뒤에는 평온이 찾아온다.
evitar 피하다	evito, evitas, evita, evitamos, evitáis, evitan	Evito el riesgo. 나는 위험을 피한다.
apuntarse 등록하다	me apunto, te apuntas, se apunta, nos apuntamos, os apuntáis, se apuntan	Me apunto en un curso intensivo de español. 나는 스페인어 집중 코스에 등록한다.
descubrir 발견하다	descubro, descubres, descubre, descubrimos, descubrís, descubren	Cristóbal Colón descubre América en 1492. 콜럼버스는 1492년에 아메리카를 발견한다.
tratar 취급하다	trato, tratas, trata, tratamos, tratáis, tratan	Por favor, trátame de tú. 나한테 '너'라고 해 줘.
pasar 지내다	paso, pasas, pasa, pasamos, pasáis, pasan	¿A qué hora pasa el cartero? 우체부가 몇 시에 들르니?
reflejar 반영하다	reflejo, reflejas, refleja, reflejamos, reflejáis, reflejan	La novela refleja la problemática social de la época. 소설은 그 시대의 사회적 문제를 반영한다.
echar 던지다	echo, echas, echa, echamos, echáis, echan	Voy a echar un poco de vino en las comidas. 음식에 포도주를 조금 넣으려고 한다.
직설법 미래		
ver 보다	veré, verás, verá, veremos, veréis, verán	Desde aquí lo verás mejor. 여기서 너는 그곳을 더 잘 보게 될 것이다.
llevar 가지고 가다	llevaré, llevarás, llevará, llevaremos, llevaréis, llevarán	Llevaré el coche hasta Toledo. 나는 똘레도까지 자동차를 가져 갈 것이다.

대화 ❶ 기후에 대해 이야기하기

한 마디씩 읽기 Pista 052 | 전체 읽기 Pista 053

Sumi
우프 께 깔로르 아세 오이
Ufff...¡qué calor hace hoy!

Daniel
에스 베르닫 엔 아고스또 아세 무초 깔로르 엔 알구나스 빠르떼스 데 에스빠냐 소브레 또도 엔 안달루시아 에스뜨레마두라 이 까스띠야-라 만차
Es verdad. En agosto hace mucho calor en algunas partes de España. Sobre todo en Andalucía, Extremadura y Castilla-La Mancha.

Sumi
엔 세울 아고스또 에스 우메도 이 무이 깔리도 땀비엔 에스 유비오소 꾸안도 예가 엘 띠폰
En Seúl, agosto es húmedo y muy cálido. También es lluvioso cuando llega el tifón.

Daniel
이 엔 인비에르노 꼬모 에스 세울
Y en invierno, ¿cómo es Seúl?

Sumi
엔 인비에르노 세울 에스 무이 프리오 라 뗌뻬라뚜라 뿌에데 예가르 아 -10오
En invierno Seúl es muy frío. La temperatura puede llegar a -10º.

Daniel
오 께 프리오 엔 닌군 시띠오 데 에스빠냐 아세 눈까 딴또 프리오
¡Oh, qué frío! En ningún sitio de España hace nunca tanto frío.

어휘 설명

- hoy 오늘
- verdad 진실
- partes 장소들
- sobre todo 특히
- húmedo 습한
- cálido 더운
- lluvioso 비가 많은
- tifón 태풍
- invierno 겨울
- temperatura 기온
- sitio 장소
- nunca 결코
- tanto 그렇게나

수미 어휴, 오늘 엄청 덥네!
다니엘 그러게. 스페인 몇몇 지방은 8월에 굉장히 더워. 특히 안달루시아, 엑스뜨레마두라 그리고 까스띠야-라만차 지방이 그렇지.
수미 서울은 8월에 습하고 아주 더워. 태풍이 오면 비가 많이 오기도 해.
다니엘 그럼 겨울에 서울 날씨는 어때?
수미 겨울에 서울은 아주 추워. 기온이 영하 10도에 달할 수 있어.
다니엘 오우, 추워라! 스페인의 어떤 곳도 그렇게 춥지는 않아.

대화 내용 핵심 포인트

- ¡Qué calor hace hoy! : 오늘 엄청 더운 날씨네!
  - 날씨 표현은 주로 hacer 동사를 활용하며, 감탄문은 '감탄사 + 명사(또는 형용사) + 동사'로 구성된다.
- ¿Cómo es Seúl? : 날씨와 함께 쓰이고 있기 때문에 '서울 날씨는 어때?'라고 묻는 표현이다.
  - 독립적으로 보면 '서울은 어떤 도시야?'라는 본질을 묻는 질문이다. ¿Cómo está Seúl?라고 하면 '서울 요즘 어때?'라는 상황을 묻는 질문이 된다. 따라서 ser와 estar 동사 용법을 잘 파악해야 한다.

대화 ❷ 등산 모임 약속하기

수미 아 께 오라 떼 아꾸에스따스 노르말멘떼
Laura Sumi, ¿a qué hora te acuestas normalmente?

로스 루네스 미에르꼴레스 이 비에르네스 뗑고 께
Sumi Los lunes, miércoles y viernes tengo que
레반따르메 뗌쁘라노 뽀르 에소 수엘로 아꼬스따르메 아
levantarme temprano, por eso suelo acostarme a
라스 21:00(베인띠우나)로스마르떼스 후에베스 이 피네스 데 세마나 노
las 21:00. Los martes, jueves y fines de semana, no
마드루고 아시 께 메 두에르모 따르데
madrugo, así que me duermo tarde.

떼 쁘레군또 에스또 뽀르께엘 엘 디아 22 데 에스떼 메스 아이
Laura Te pregunto esto porque el día 22 de este mes, hay
우나 에스꾸르시온 아 라 몬따냐 끼에레스 베니르
una excursión a la montaña. ¿Quieres venir?

에스따모스 아 18(디에시오초)이오이에스루네스 아베르 엘 디아 22 에스
Sumi Estamos a 18 y hoy es lunes. A ver, el día 22 es
비에르네스 아 께 오라 에스 라 에스꾸르시온
viernes, ¿a qué hora es la excursión?

에스아 라스 8(오초) 엠뻬사모스 아 에사 오라 빠라 에비따르 라스
Laura Es a las 8. Empezamos a esa hora para evitar las
오라스 마스 깔루로사스 델 디아 께 손 데 12(도세) 아 3(뜨레스)
horas más calurosas del día que son de 12 a 3.

에스 부에나 오라 빠라 레반따르세 메 아뿐또
Sumi Es buena hora para levantarse, ¡me apunto!

어휘 설명

- fines de semana 주말
- así que 그래서
- excursión 소풍
- montaña 산
- a ver 자, 봅시다
- día 날
- calurosas 더운
- de 12 a 3 12시부터 3시까지

라우라 수미야, 너는 보통 몇 시에 자?

수미 월요일, 수요일 그리고 금요일은 일찍 일어나야 돼, 그래서 9시에는 잠자리에 들곤 해. 화요일, 목요일 그리고 주말은 아침에 일찍 일어나지 않아서 늦게 자.

라우라 너한테 이걸 물어본 건 이번 달 22일에 산행이 있기 때문이야. 같이 갈래?

수미 오늘이 18일이고 월요일이네. 음, 22일은 금요일이네, 산행이 몇 시야?

라우라 8시야. 12~3시의 가장 더운 시간대를 피하려고 그 시간에 시작해.

수미 일어나기에 좋은 시간이네. 나도 갈게!

대화 내용 핵심 포인트

◆ suelo : soler 동사가 동사원형과 함께 쓰여 '~하곤 하다'를 의미한다.
- Suelo pasear por la mañana. 나는 오전에 산책을 하곤 한다.

◆ las horas más calurosas del día : 하루 중 가장 더운 시간대를 말하며 최상급 표현이다.
- 최상급 : 정관사 + 명사(생략 가능) + más(더)/menos(덜) + 형용사 + 전치사(de, en, entre)
- Ella es la más guapa entre amigas. 그녀는 친구 중 제일 예쁘다.
- Es el más caro de todos. 그것은 모든 것 중에 제일 비싸다.

＊비교급은 뒤에서 자세히 공부하자.

대화 ❸ 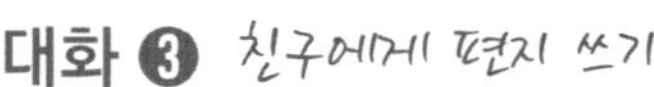

 한 마디씩 읽기 Pista 056 | 전체 읽기 Pista 057

께리다 다니엘라
Querida Daniela,

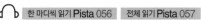

엔 에스빠냐 에스또이 데스꾸브리엔도 꼬사스 마라비요사스 로스
En España estoy descubriendo cosas maravillosas. Los
에스빠뇰레스 손 무이 심빠띠꼬스 이 아뗀또스 이 메 뜨라딴 무이 비엔
españoles son muy simpáticos y atentos y me tratan muy bien.
띠에넨 무차 아르끼떽뚜라 안띠구아 이 파스씨난떼 뽀르께
Tienen mucha arquitectura antigua y fascinante porque
안 빠사도 무차스 씨빌리사시오네스 이 꿀뚜라스 뽀르 아끼 에소
han pasado muchas civilizaciones y culturas por aquí. Eso
세 레플레하 엔 수 꼬미다 께 에스 무이 리까 이 바리아다 이 엔 수
se refleja en su comida, que es muy rica y variada, y en su
무시까 엘 플라멩꼬 께 에스 무이 엑소띠까 떼 에초 무초 데
música, el flamenco, que es muy exótica. Te echo mucho de
메노스 뻬로 노 에스또이 뜨리스떼 뽀르께 세 께 노스 베레모스 뽄또
menos, pero no estoy triste porque sé que nos veremos pronto.
떼 예바레 알구노스 레갈리또스
Te llevaré algunos regalitos.

운 베소
Un beso,
수미
Sumi

어휘 설명

- cosas 사실, 것들
- maravillosas 멋진
- atentos 사려깊은
- arquitectura antigua 옛 건축물
- civilizaciones 문명
- culturas 문화
- por aquí 이곳 지역에서는
- su comida 그들의 음식
- rica 맛있는
- variada 다양한
- música 음악
- flamenco 플라멩꼬
- exótica 이국적인
- triste 슬픈
- nos veremos pronto 우리들은 곧 만나게 될거야

사랑하는 다니엘라에게,
나는 스페인에서 아주 멋진 사실을 알아 가고 있어. 스페인 사람들은 참 친절하고 배려심이 깊고 나한테 아주 잘해 줘.
오래되고 매혹적인 건축물들이 많이 있는데 이는 이곳에서 다양한 문명과 문화가 전해져 왔기 때문이야. 그런 것은 그들의 음식과 음악에도 반영되어 있는 것을 볼 수 있어. 그래서 음식이 아주 맛있고 다양하며, 음악은 플라멩코처럼 이색적이야. 네가 너무도 보고 싶지만 나는 슬프지 않아. 왜냐하면 우리가 곧 만나게 될 걸 아니까. 너한테 선물 가져갈게.
안부 전해,
수미가

대화 내용 핵심 포인트

- estoy descubriendo : 'estar + 현재분사'는 현재진행에 의미를 크게 두는 경우 사용한다. 그렇지 않을 경우는 종종 직설법 현재로 대체한다.
- Tienen mucha arquitectura ~ : 3인칭 복수가 쓰였는데 이는 통상 제3자들을 지칭하며 우리말로 해석할 때 '그들은'이라고 하지 않는다.
- han pasado : '전해져 내려오고 있다'는 의미로 직설법 현재완료(haber 동사 변화 + 과거분사) 표현으로 과거 행위가 지금에 이르기까지 영향을 끼치는 경우 사용한다.
- que es muy exótica : 이 문장에서 que는 설명적 용법의 관계대명사로 쓰였으며 música를 받고 있어 exótica가 된다.
- echar de menos : 그리워하다, 보고 싶다
  - 라틴아메리카 지역에서는 'extrañar'를 많이 사용한다.
- regalitos : regalos(선물)보다 가벼운 선물, 귀여운 선물일 것이라는 의미로 스페인 등지에서 주로 사용된다.

연습문제

01 Audición Pista 058

다음을 듣고 빈칸을 채워 보세요.

A En agosto ________ mucho calor en España.

B Estamos ________ 18 y hoy ________ lunes.

C Los españoles son muy ________ y atentos y ________ tratan bien.

02 Lectura Pista 059

의미를 생각하면서 읽어 보세요.

A En ningún sitio de España hace demasiado frío.

B Los martes y fines de semana no madrugo así que me duermo tarde.

C Te echo mucho de menos, pero no estoy triste porque sé que nos veremos pronto.

03 Escritura

주어진 단어를 바르게 배열하여 문장을 완성해 보세요.

A el, Es, cuando, lluvioso, tifón, llega

____.

B hay, de, este, mes, una, El, día, 22, a, la, montaña, excursión

____.

C buena, para, hora, Es, levantarse

____.

04 Conversación

다음을 보고 상황에 맞는 대화를 해 보세요.

En España no hace mucho frío en invierno. ¿Cómo es Seúl en invierno?
- 10̊c

Hola, Sumi. Este viernes voy a la montaña, ¿quieres venir?

어휘 익히기

#계절

primavera
(marzo, abril y mayo)

verano
(junio, julio y agosto)

otoño
(septiembre,
octubre y noviembre)

invierno
(diciembre,
enero y febrero)

#시간

- □ en punto 정각
- □ mediodía 정오
- □ medianoche 자정
- □ por la mañana 오전에
- □ a las 8 de la mañana 오전 8시에
- □ esta tarde 오늘 오후
- □ hora 시
- □ minuto 분
- □ segundo 초

#주

- □ esta semana 이번 주
- □ la próxima semana / la semana que viene 다음 주
- □ la semana pasada 지난 주
- □ hace una semana 1주 전
- □ este lunes 이번 월요일
- □ el martes pasado 지난 화요일
- □ el miércoles que viene 다음 주 수요일

문화탐색 Descubriendo culturas

스페인의 기후

스페인의 1월은 평균 2~10도 정도의 기온이며 우리나라의 늦가을과 같은 날씨이다. 5~6월과 9~11월에는 우리나라의 봄, 가을과 같은 날씨로 여행하는 데 적합한 때이다. 7월은 본격적인 여름 날씨를 보이고, 다만 우리나라와 달리 비가 많이 오지 않는다.
스페인 사람들과 만나 대화를 나눌 때 공통 주제가 될 수 있는 것 중 하나가 계절과 관련한 기후 이야기이다. 기후를 통해 대화를 나누어 가면서 서로의 나라를 이해할 수 있다. 이렇듯 스페인어권 친구들과 말문을 트기 위한 기본적인 대화는 계절과 취미 그리고 주말 문화 등이다. 그러나 좀 더 깊은 소통을 위해서는 다양한 주제에 대한 지식이 필요하다. 스페인 사람들은 대한민국의 문화를 궁금해한다. 우리나라의 음식, 드라마, 아이돌, 역사 등 골고루 시간을 날 때마다 한국관광공사 홈페이지(http://www.visitkorea.or.kr/)나 연합뉴스 스페인어 버전(http://spanish.yonhapnews.co.kr/)을 부지런히 살펴보자.

편지쓰기

여행 중에 잠시 여유를 내서 노천 cafetería에 앉아 친구에게 그림엽서를 보내는 것은 참으로 소중한 추억이 된다. 수신자 표기는 querido/~a로 시작하고, 그림엽서의 경우 상대자의 주소 표기 및 우체국 소인(날짜로 대신)이 들어 가야 하므로 본문은 아주 간략하게 쓰고, 끝에 맺음말을 쓰면 된다. 〈대화 3〉이 편지에서 맺음말은 un beso이지만 남성끼리의 편지에서는 un abrazo(포옹) 정도가 무난하다. 이러한 관습은 친구 사이뿐만 아니라 비즈니스 관계에도 생각하는 그 이상의 효과를 발휘할 수 있다. 친필로 써 내려가는 여유를 가져보자.

UNIDAD 09

마드리드 구경

Pasear por Madrid

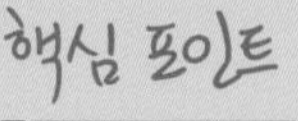

- □ 단순과거
- □ 미래

스페인 마드리드

구문 및 문법 핵심포인트

단순과거

규칙 동사 변화

- ~ar 동사군은 어미가 -é, -aste, -ó, -amos, -asteis, -aron
- ~er/~ir 동사군은 -í, -iste, -ió, -imos, -isteis, -ieron 형태로 변한다.

불규칙 동사 변화

❶ ~ir로 끝나는 동사 중 3인칭 단 · 복수가 e→i, o→u로 변하는 동사

e→i	pedir	pedí, pediste, pidió, pedimos, pedisteis, pidieron
	servir	serví, serviste, sirvió, servimos, servisteis, sirvieron
	sentir	sentí, sentiste, sintió, sentimos, sentisteis, sintieron
	preferir	preferí, preferiste, prefirió, preferimos, preferisteis, prefirieron
o→u	dormir	dormí, dormiste, durmió, dormimos, dormisteis, durmieron
	morir	morí, moriste, murió, morimos, moristeis, murieron

❷ 특수한 형태의 불규칙 변화

estar	estuve, estuviste, estuvo, estuvimos, estuvisteis, estuvieron
poner	puse, pusiste, puso, pusimos, pusisteis, pusieron
poder	pude, pudiste, pudo, pudimos, pudisteis, pudieron
tener	tuve, tuviste, tuvo, tuvimos, tuvisteis, tuvieron
saber	supe, supiste, supo, supimos, supisteis, supieron
querer	quise, quisiste, quiso, quisimos, quisisteis, quisieron
hacer	hice, hiciste, hizo, hicimos, hicisteis, hicieron
venir	vine, viniste, vino, vinimos, vinisteis, vinieron
decir	dije, dijiste, dijo, dijimos, dijisteis, dijeron
traer	traje, trajiste, trajo, trajimos, trajisteis, trajeron
dar	di, diste, dio, dimos, disteis, dieron

용법

❶ 과거 어느 순간에 일어나서 종결된 동작이나 상태

- Los camareros nos sirvieron la comida. 웨이터들은 우리들에게 음식을 가져다 주었다.

❷ 과거 특정 기간 동안 이루어진 내용

- ¿Cuánto tiempo estuviste en Madrid? 너는 마드리드에 얼마 동안 있었니?
- Estuve cinco años en Madrid. 마드리드에서 5년 있었어요.

미래

동사의 미래형 어미 변화는 ~ar, ~er, ~ir 동사 원형에 -é, -ás, -á, -emos, -éis, -án을 덧붙인다. 불규칙 동사의 미래 변화의 경우 단수 1인칭 어간이 변할 수 있으나, 어미 형태는 규칙 동사와 같다.

규칙 동사 변화

hablar	hablaré, hablarás, hablará, hablaremos, hablaréis, hablarán	Hablaré en adelante español. 나는 앞으로는 스페인어로 말할 것입니다.
comer	comeré, comerás, comerá, comeremos, comeréis, comerán	No comerás más, ¿verdad? 너는 더이상 먹지 않을 거지, 그렇지?
vivir	viviré, vivirás, vivirá, viviremos, viviréis, vivirán	Viviremos en Madrid desde el año que viene. 우리들은 내년부터 마드리드에 살 것입니다.

불규칙 동사 변화

동사원형		어간		활용어미		decir 미래형
decir	▶	dir-	+	-é	▶	diré
hacer		har-		-ás		dirás
querer		querr-		-á		dirá
saber		sabr-		-emos		diremos
venir		vendr-		-éis		diréis
salir		saldr-		-án		dirán
poner		pondr-				
poder		podr-				
tener		tendr-				

용법

① 현재를 기준으로 한 미래 행위 및 상태

- Mañana volveré a Madrid de Barcelona. 나는 내일 바르셀로나에서 마드리드로 돌아갈 거예요.

② 추측이나 가능성

- Ella tendrá unos 20 años. 그녀는 거의 20살쯤 될 거야.

③ 완곡한 명령

- Deberás ir al profesor. 선생님한테 가야 할 것 같다.

동사 익히기

동사 및 시제	동사 변화	예문
직설법 현재		
disfrutar ~을 누리다	disfruto, disfrutas, disfruta, disfrutamos, disfrutáis, disfrutan	Voy a disfrutar de beca. 나는 장학금 혜택을 받게 될 거야.
divertirse 즐기다	me divierto, te diviertes, se divierte, nos divertimos, os divertís, se divierten	Nos divertimos mucho con las clases de español. 우리들은 스페인어 수업을 무척 즐긴다.
esperar 기다리다	espero, esperas, espera, esperamos, esperáis, esperan	Esperamos el autobús para la Universidad Complutense de Madrid. 우리들은 마드리드 꼼불루뗀세 대학으로 가는 버스를 기다리고 있다.
centrar 집중하다	centro, centras, centra, centramos, centráis, centran	Todas las miradas se centran en ella. 모든 시선이 그녀에게 집중된다.
incluir 포함시키다	incluyo, incluyes, incluye, incluimos, incluís, incluyen	¿El precio incluye Wifi y desayuno gratis? 가격에 무료 와이파이와 아침 식사가 포함되나요?
vivir 살다	vivo, vives, vive, vivimos, vivís, viven	Viven cerca del Estadio Santiago Bernabéu. 그들은 산띠아고 베르나베우 구장 가까이에 산다.
직설법 단순과거		
ser / ir ~이다/가다	fui, fuiste, fue, fuimos, fuisteis, fueron	¿Cómo te fue en el examen? 너 시험 잘 봤어?
직설법 미래		
ayudar 도와주다	ayudaré, ayudarás, ayudará, ayudaremos , ayudaréis, ayudarán	Dios me ayudará. 하나님이 나를 도우실 거야.
usar 사용하다	usaré, usarás, usará, usaremos, usaréis, usarán	España usará los fondos de la Unión Europea contra el paro. 스페인은 실업 방지를 위해 유럽연합 기금을 사용할 것이다.
접속법 현재		
divertirse 즐기다	me divierta, te diviertas, se divierta, nos divirtamos, os divirtáis, se diviertan	Espero que te diviertas con tus amigos. 나는 네가 네 친구들과 즐겁게 지내기를 바란다.
disfrutar ~을 누리다	disfrute, disfrutes, disfrute, disfrutemos, disfrutéis, disfruten	Espero que disfruten de un tiempo magnífico durante las vacaciones de verano. 나는 그들(당신들)이 여름방학 동안 멋진 시간을 누리기를 바란다.

divertir 동사의 직설법 현재와 접속법 현재 변화를 비교해 보면 차이를 알 수 있다. 접속법에서 ~ar형은 ~er/~ir형 동사의 어미 변화처럼, ~er/ir형은 ~ar형 동사의 어미 변화처럼 바뀌고 있다.
이 단원에서는 직설법 현재 변화뿐만 아니라 단순과거와 미래 변화도 나온다. 특히 어간 변화가 있는지 유념하고, 불규칙의 경우 유사한 유형의 동사가 나올 때 그대로 응용하면 된다.
ser 동사의 단순과거 변화는 ir 동사 변화와 같다.

대화 ❶ 마드리드 투어 소개

한 마디씩 읽기 Pista 060 전체 읽기 Pista 061

Sumi
올라 아나 오이 보이 아 빠세아르 뽀르 마드린 뿌에데스
Hola, Ana. Hoy voy a pasear por Madrid. ¿Puedes
레꼬멘다르메 알구노스 시띠오스 빠라 꼬노세르로
recomendarme algunos sitios para conocerlo?

Ana
씨 끌라로 떼 레꼬미엔도 우띨리사르 엘 부스 뚜리스띠꼬 데
Sí, claro. Te recomiendo utilizar el bus turístico de
마드린 이 에차르 운 비스따소
Madrid y echar un vistazo.

Sumi
아 씨 에스 우나 부에나 이데아
Ah, sí. Es una buena idea.

Ana
시 로 꼬헤스 뿌에데스 디스프루따르 데 라스 까예스 안띠구아스
Si lo coges, puedes disfrutar de las calles antiguas,
모누멘또스 이 뿐또스 데 인떼레스
monumentos y puntos de interés.

Sumi
부에노 로 보이 아 꼬헤르
Bueno, lo voy a coger.

Ana
께 떼 디비에르따스 무초 아스따 루에고
Que te diviertas mucho. Hasta luego.

어휘 설명

- pasear por ~를 산책하다
- algunos sitios 몇몇 장소
- utilizar 이용하다
- turístico 관광의
- echar un vistazo 둘러보다
- idea 아이디어
- calles antiguas 옛 거리들
- monumentos 유적
- puntos de interés 흥미 있는 장소

수미 안녕, 아나, 난 오늘 마드리드를 구경하려고 해. 마드리드에서 갈만한 장소를 추천해 줄래?
아나 그럼 물론이지. 마드리드 관광버스를 이용해서 둘러볼 것을 추천해.
수미 아, 좋은 생각이네.
아나 그 버스를 타면 오래된 거리들, 유적, 흥미로운 장소들을 즐길 수 있을 거야.
수미 좋아, 버스를 타 볼게.
아나 즐겁게 지내. 나중에 보자.

대화 내용 핵심 포인트

◆ Si lo coges : 만일 네가 그 버스를 타면
- si + 직설법 : '만일 ~ 이라면'. 실현 가능성이 높은 가정을 표현한다.
  - Si tengo tiempo, voy al cine. 만일 내가 시간이 있다면 나는 영화관에 간다.
  - Si tengo tiempo, iré al cine. 만일 내가 시간이 있다면 영화관에 갈 것이다.

◆ Que te diviertas mucho : 나는 네가 즐겁게 지내기를 바라.
Que 앞에 espero가 생략되어 있다고 볼 수 있다. 주절의 동사가 주관적이며, 희망을 나타낼 때 종속절에서는 접속법을 사용한다.

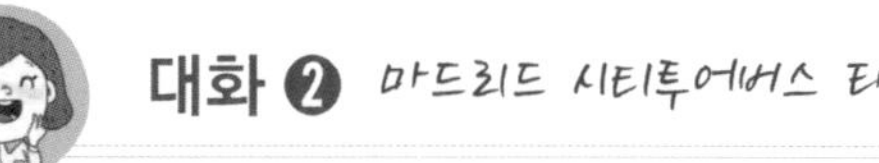

대화 ❷ 마드리드 시티투어버스 타기

한 마디씩 읽기 Pista 062 | 전체 읽기 Pista 063

Sumi
뽀르 파보르 운 비예떼 빠라 엘 아우또부스 데 뚜리스따스 꼰 빠라다스 리브레스
Por favor, un billete para el autobús de turistas con paradas libres.

Empleado
꾸알 쁘레피에레스 운 아시엔또 엔 라 빠르떼 바하 오 엔 라 빠르떼 아ㄹ리바
¿Cuál prefieres, un asiento en la parte baja o en la parte arriba?

Sumi
아ㄹ리바 뽀르 파보르
Arriba, por favor.

Guía
비엔베니도스 아 누에스뜨로 아우또부스 데 뚜리스따스 데 마드릳 에스떼 레꼬ㄹ리도 세 센뜨라 엔 라 빠르떼 이스또리까 데 마드릳 에스뻬로 께 디스프루뗀 델 레꼬ㄹ리도
Bienvenidos a nuestro autobús de turistas de Madrid. Este recorrido se centra en la parte histórica de Madrid. Espero que disfruten del recorrido.

Sumi
뿌에데 아세르메 우나 포또 뽀르 파보르
¿Puede hacerme una foto, por favor?

Turista
끌라로 우나 도스 뜨레스 리스또
Claro. Una, dos, tres. Listo.

어휘 설명

- billete 표
- turistas 관광객
- con paradas libres 자유승하차가 되는
- cuál 어떤
- asiento 좌석
- baja 아래
- arriba 위
- guía 안내원
- recorrido 코스
- histórica 역사적인
- esperar 소망하다
- foto 사진
- listo 준비된

수미 투어버스 자유승차권 한 장 주세요.
종업원 아래 층과 위층 좌석 중 어느 걸 원하세요?
수미 위층으로 주세요.
안내원 우리 마드리드 시티투어버스에 오신 것을 환영합니다. 이 코스는 마드리드의 역사적인 장소를 중심으로 하는 코스입니다. 즐거운 시간 보내시기를 바랍니다.
수미 사진 한 장 찍어 주실래요?
관광객 그럼요. 하나, 둘, 셋. 됐네요.

대화 내용 핵심 포인트

◆ preferir : 선호하다, ~을 더 좋아하다
비교와 선택을 의미할 때 쓰며 비교의 대상이 있을 때 전치사 'a'를 함께 쓴다.
- Prefiero el café al té. 나는 차보다 커피를 좋아한다.

◆ Bienvenido/a(s) a : ~에 오신 것을 환영합니다
bienvenido는 청자의 성, 수에 맞춰 쓴다.
- ¡Bienvenidos al mundo español! 스페인어 세계에 오신 것을 환영합니다.

◆ centrarse en : ~에 중점을 두다
- La crisis económica de Europa se centra en los PIGS(Portugal, Italia, Grecia y España). 유럽의 경제 위기는 PIGS 국가들에 초점이 맞추어져 있다.

대화 ③ 마드리드 나들이

한 마디씩 읽기 Pista 064 전체 읽기 Pista 065

Daniel 께 딸 프에 엘 빠세오
¿Qué tal fue el paseo?

Sumi 마그니피꼬 뻬로 비비르 엔 마드릳 에스 까로 베르닫
Magnífico, pero vivir en Madrid es caro, ¿verdad?

Daniel 바스딴떼 뻬로 라 따르헤따 뚜리스띠까 떼 아유다라 무초
Bastante. Pero la tarjeta turística te ayudará mucho.

Sumi 빠라 께 시르베 라 따르헤따
¿Para qué sirve la tarjeta?

Daniel 에사 따르헤따 에스 임쁘레스신디블레 빠라 비시따르 마드릳
Esa tarjeta es imprescindible para visitar Madrid.
라 따르헤따 인끌루예 라 엔뜨라다 아 마스 데 50(싱꾸엔따) 무세오스
La tarjeta incluye la entrada a más de 50 museos
꼰 악세소 쁘레페렌떼 이 데스꾸엔또스 엔 띠엔다스 이
con acceso preferente y descuentos en tiendas y
ㄹ레스따우란떼스
restaurantes.

Sumi 페노메날 그라시아스 라 우사레 데스데 마냐나
Fenomenal. Gracias. La usaré desde mañana.

어휘 설명

- paseo 나들이
- caro 비싼
- verdad 정말
- bastante 상당한
- tarjeta 카드
- imprescindible 필수불가결한
- entrada 입장권
- museo 박물관
- acceso 입장
- preferente 우선적인
- descuentos 할인
- tienda 상점
- fenomenal 굉장한

대화 내용 핵심 포인트

- vivir en Madrid : 마드리드에 사는 것은
  동사원형을 부정사로 사용하여 주격으로 사용할 수 있다.
  - Aprender español es muy interesante. 스페인어 배우는 것은 아주 재미있다.
  - Hacer ejercicios es muy bueno para mantener la salud.
    운동하는 것은 건강을 유지하는 데 아주 좋다.
- ¿Para qué sirve la tarjeta?: 카드가 어떻게 쓰이나요?
  - ¿Para qué sirve el té verde? 녹차가 어디에 좋은가요?
- más de ~ : ~이상
  - El investigador necesita más de dos asistentes.
    그 연구원은 두 명 이상의 연구 보조원이 필요하다.
- con acceso preferente : 우선적으로 입장할 수 있는
  - El acceso a internet requiere disponer de un ordenador.
    인터넷에 접속하기 위해 컴퓨터 사용이 필요하다.

다니엘 나들이는 어땠어?
수미 너무 좋았어, 그런데 마드리드 물가가 비싼 것 같아, 맞지?
다니엘 상당히 비싸. 하지만 관광 카드를 쓰면 너한테 도움이 많이 될 거야.
수미 관광 카드가 무엇에 쓸모가 있는 거야?
다니엘 그 카드는 마드리드를 둘러보는 데 꼭 필요해. 카드는 50개 이상의 박물관에 특혜 입장할 수 있는 입장권과 상점 및 레스토랑의 할인 쿠폰을 포함하고 있어.
수미 그거 참 좋네. 고마워. 내일부터 그 카드 사용할게.

연습문제

01 Audición Pista 066

다음을 듣고 빈칸을 채워 보세요.

A Te recomiendo utilizar el bus turístico de Madrid y ________ un vistazo.

B La tarjeta incluye la entrada a más de ________ museos con acceso preferente.

C Este recorrido ________ ________ en la parte histórica de Madrid.

02 Lectura Pista 067

의미를 생각하면서 읽어 보세요.

A Voy a disfrutar de un tiempo magnífico durante las vacaciones de verano.

B Espero que disfruten de un tiempo magnífico durante las vacaciones de verano.

C España usará los fondos de la Unión Europea contra el paro.

03 Escritura

주어진 단어를 바르게 배열하여 문장을 완성해 보세요.

A disfrutar, Si, lo, coges, puedes, de, las, calles, antiguas

____.

B a, de Madrid, Bienvenidos, autobús, nuestro, de turistas

____.

C sirve, la, tarjeta, ¿?, Para qué

____.

04 Conversación

다음을 보고 상황에 맞는 대화를 해 보세요.

어휘 익히기

#지하철/버스

- metro 지하철
- abono del metro 마드리드 지하철 정기권
- salida del metro 지하철 출구
- autobús 버스
- parada 정류장
- plano del metro de Madrid 마드리드 지하철 노선표
- boca del metro/entrada del metro 지하철 입구
- tren 기차
- billete 표, 승차권

마드리드의 역사와 문화

마드리드는 서울과 비슷한 면적이지만 인구는 330만 명에 달한다. 스페인 인구는 4,600만 명으로 우리나라와 비슷하나 국토 면적은 약 50만 ㎢로 한반도 면적(약 20만 ㎢)의 두 배가 넘는다. 지리적으로는 스페인 국토의 한 가운데 위치해 있어 북으로는 대서양과 맞닿아 있는 한편 프랑스와 피레네 산맥을 경계로 하고 있으며, 동으로는 지중해, 남으로는 대서양 관문이, 서로는 포르투갈과 대서양을 접하고 있다.

마드리드에서 한여름에 작열하는 태양의 열기를 느낄 수 있으며, 한편에서는 투우 경기가, 바에서는 하몬 한 조각과 포도주 및 맥주가, 일요일에는 라스트로의 벼룩시장이, 밤에는 극장에서 스페인식 오페라인 사르수엘라와 플라시도 도밍고와 호세 카레라의 성악이, 작은 타블라오(tablao)에서는 플라멩코 및 클라식 기타 선율이 흐른다. 쁘라도 박물관에서는 고야, 벨라스케스 등의 세계적인 화가들의 작품이 관광객들의 발길을 유혹하고 있는 모습을 볼 수 있다.

UNIDAD 10

똘레도에 가다

Ir a Toledo

핵심 포인트

- □ 현재완료
- □ 수동태

스페인 똘레도

구문 및 문법 핵심 포인트

현재완료

형태

haber 동사의 직설법 현재 변화 (he, has, ha, hemos, habéis, han) + 과거분사

규칙동사의 과거분사

-ar	-ado
-er -ir	-ido

예 hablar → hablado, aprender → aprendido, vivir → vivido

불규칙의 형태

강세를 표시해야 하는 형태	caer → caído, leer → leído, oír → oído, traer → traído		
특수한 형태	abrir → abierto	decir → dicho	resolver→resuelto
	hacer → hecho	morir → muerto	poner → puesto
	romper → roto	ver → visto	volver → vuelto
	cubrir → cubierto	escribir → escrito	

활용표

	Haber 직설법 현재 변화		과거분사		해석
Yo	Ya	he	leído	El Quijote.	나는 이미 돈키호테를 읽었다.
Tú	Hoy no	has	hecho	nada.	너는 오늘 아무것도 하지 않았다.
Él/Ella/ Ud.	Nunca	ha	estado	en Honduras.	그/그녀/당신은 온두라스에 있던 적이 없다.
Nosotros/ ~as	Esta mañana	hemos	comido	una tostada con café con leche.	우리들은 오늘 아침 밀크커피에 토스트 한 조각 먹었다.
Vosotros/ ~as	Todavía no	habéis	terminado	la tarea.	너희들은 아직 과제를 마치지 못했다.
Ellos/ Ellas/Uds.	Aún no	han	llegado	a la reunión.	그들/그녀들/당신들은 아직 회의에 도착하지 않았다.

용법

➊ todavía, ya, aún, nunca, jamás + 현재완료

- Todavía no ha terminado la tarea. 그(그녀, 당신은)는 아직 숙제를 끝내지 못했다.

➋ 현재와 관련 있는 표현 (esta tarde, hoy, este verano, hoy por la mañana 등) + 현재완료:

- Esta mañana Juan me ha llamado. 오늘 아침에 후안이 나에게 전화를 했다.
- Este año ha llovido mucho. 올여름에는 비가 많이 왔다.

➌ 경험 : Hemos vivido en España. 우리들은 스페인에서 살아 본 적이 있다.

❖ 현재완료는 그 결과가 현재까지 영향을 미치고 있는 경우에 쓰는 반면 단순 과거는 현재와의 관련성을 배제할 때 사용한다. 따라서 단순과거는 주로 명백한 과거의 의미를 지니는 부사나 부사구 ayer, el año pasado, la semana pasada 등과 함께 쓰인다.

- Ayer estudié mucho, pero hoy no he hecho nada.
  어제 나는 열심히 공부했으나, 오늘은 아무것도 하지 않았다.

수동태

수동태는 문장에 행위자가 나타나는 경우와 행위자가 나타나지 않는 경우, 두 가지로 볼 수 있다.

➊ 행위자가 나타나는 경우 : ser + 과거분사 + por
(단, 과거분사는 반드시 주어의 성 · 수에 일치해야 함)

- El libro 'Don Quijote' fue escrito por Cervantes. '돈키호테'는 세르반체스에 의해 쓰여졌다.
- Los ejercicios fueron repartidos por el profesor. 문제들은 선생님에 의해서 배포되었다.

➋ 일반적으로 행위자가 강조되지 않는 경우에는 문장에서 행위자를 생략하기도 하고, 수동의 se를 활용해서 표현하기도 한다.

- Los niños fueron castigados. 아이들은 벌을 받았다.
- Se solucionaron los problemas. 문제가 해결되었다.

동사 익히기

동사 및 시제	동사 변화	예문
직설법 현재		
depender 좌우되다	dependo, dependes, depende, dependemos, dependéis, dependen	Eso depende de la situación económica de España. 그것은 스페인 경제 상황에 달려 있어.
encantar 좋아하다	encanto, encantas, encanta, encantamos, encantáis, encantan	Nos encanta España. 우리들은 스페인이 참 마음에 든다.
직설법 현재완료		
perder 잃어버리다	he perdido, has perdido, ha perdido hemos perdido, habéis perdido, han perdido	Hemos perdido el camino. 우리들은 길을 잃었다.
ir 가다	he ido, has ido, ha ido, hemos ido, habéis ido, han ido	Hemos comido un bocadillo de jamón y chorizo para el almuerzo. 우리들은 점심으로 하몬과 초리소를 넣은 보까디요(샌드위치)를 먹었다.
직설법 단순과거		
gustar 좋아하다	gusté, gustase, gustó, gustamos, gustasteis, gustaron	Me gustaron los videojuegos durante los dos años pasados. 나는 지난 2년간 비디오 게임을 좋아했다.
causar (~의)원인이 되다	causé, causaste, causó, causamos, causasteis, causaron	Me causó un trauma en el pasado. 지난날 나에게 큰 충격을 주었다.
직설법 미래		
ir 가다	iré, irás, irá iremos, iréis, irán	Iré a Perú para tener un negocio. 나는 비즈니스로 페루에 갈 것이다.

대화 ❶ 똘레도 여행에 대해 의논하기

한 마디씩 읽기 Pista 068 전체 읽기 Pista 069

María ¿Qué vas a hacer mañana?

Sumi Voy a hacer una excursión a Toledo. Se dice que no se puede decir nada de España sin ver Toledo.

María Jajaja. Es verdad. Toledo es una ciudad con una riqueza cultural enorme.

Sumi Bueno, ¿cómo puedo llegar allí?

María Pues, te recomiendo comprar la Toledo Card en línea. Con ella puedes ahorrar dinero y tiempo.

Sumi Gracias. Enseguida voy a comprarla en la web. Y luego me acuesto para mañana. ¡Buenas noches!

어휘 설명

- excursión a ~로 나들이
- nada de ~에 대해 아무것도
- sin ver 보지 않고는
- verdad 진실
- ciudad 도시
- enorme 거대한
- riqueza cultural 문화적 풍요
- comprar 구매하다
- en línea 온라인에서
- con ella 그 카드를 가지고
- ahorrar 절약하다
- dinero 돈
- tiempo 시간

마리아 너는 내일 뭐 할거니?
수미 똘레도에 가려고요. 똘레도를 보지 않고는 스페인에 대해 아무것도 말할 수 없다고 해서요.
마리아 하하하. 맞아. 똘레도는 어마어마한 문화적 풍요를 지닌 도시란다.
수미 그럼, 거기에 어떻게 갈 수 있어요?
마리아 음, 온라인에서 똘레도 카드 사는 걸 추천해, 카드가 있으면 너는 돈과 시간을 절약할 수 있어.
수미 감사합니다. 바로 웹에서 카드를 구매할게요. 그런 다음에 내일을 위해 잠자리에 들게요. 굿나잇!

대화 내용 핵심 포인트

- pues : 응, 저기…
  말을 시작하면서 시간을 조금 끌 때나 주목을 끌 때 쓰는 표현이다.
- ¿Qué vas a hacer mañana? : 너는 내일 뭐 할거야?
  - hacer 동사는 '하다, 만들다, 시키다' 등의 뜻이 있다.
  - Hacer ejercicio es bueno para ti. 운동하는 것은 너에게 좋다.
  - Voy a hacer un gazpacho andaluz en casa. 나는 집에서 안달루시아 가스빠초를 만들려고 한다.
- Se dice que ~ : ~라고들 하다, 즉 여기서의 se는 비인칭의 se이다.

대화 ❷ 똘레도 거리의 유적 둘러보기

한 마디씩 읽기 Pista 070 전체 읽기 Pista 071

(Caminando por las calles de Toledo)

Sumi Mmhh, me encantan las calles, las plazas y las iglesias. Pero todavía no he visitado los monumentos más importantes.

Toledana Hola, ¿te has perdido?

Sumi No, es que todavía no he estado en ningún monumento y los estoy buscando.

Toledana ¿Has estado al final de esta calle? Allí están las murallas.

Sumi No, no he ido por allí. Pero iré. Muchas gracias.

Toledana De nada.

어휘 설명

- caminando por ~를 걸으면서
- plaza 광장
- iglesia 성당, 교회
- todavía 아직도
- importante 중요한
- perdido (길을) 잃어버린
- al final de ~끝에
- muralla 성벽

(똘레도 거리를 걸으면서)

수미 음, 거리, 광장 그리고 성당 등이 모두 마음에 드네. 그런데 아직 가장 중요한 유적들을 방문하지 못했어.

똘레도 사람 안녕하세요, 혹시 길을 잃어 버렸나요?

수미 아니에요, 아직 유적지를 한 군데도 가 보지 못했어요. 그래서 찾고 있어요.

똘레도 사람 혹시 이 거리의 끝으로 가 봤어요? 저기 성벽이 있습니다.

수미 아니요, 그쪽으로 안 가 봤어요. 그렇지만 가 볼게요. 정말 고맙습니다.

똘레도 사람 천만에요.

대화 내용 핵심 포인트

- me encantan : gustar 동사와 같은 의미의 역구조 동사로 gustar mucho(매우 좋다)와 같은 표현이다.
- los monumentos más importantes : 가장 중요한 유적들
  최상급 표현으로 '정관사 + 명사 + más + 형용사'로 쓰인다.
- los estoy buscando : 나는 그곳(유적들)을 찾고 있어.
  - 직접 목적격대명사 los를 estoy buscándolos처럼 현재분사 뒤에 붙여 쓸 수도 있다.
    * 강세 표시에 주의
- por allí : 저쪽으로
  - por aquí 이쪽으로

대화 ❸ 똘레도 여정에 대해 이야기하기

한 마디씩 읽기 Pista 072 전체 읽기 Pista 073

Daniel	Hola, Sumi. ¿Qué tal fue el viaje a Toledo?
Sumi	Increíble. Me gustaron todas las cosas de Toledo tales como el Alcázar, la Judería y las murallas.
Daniel	¿Qué fue lo que más te gustó?
Sumi	Lo que más me gustó fue el Alcázar.
Daniel	A mí también me causó una gran impresión el Alcázar, es maravilloso.
Sumi	Sí, lo es.

어휘 설명

- increíble 믿을 수 없는
- Alcázar 성
- Judería 유대인 마을
- bastante 상당한
- lo que ~것
- impresión 감동
- maravilloso 멋진

대화 내용 핵심 포인트

◆ tales como : 예를 들면(영어의 such as)
- tales como ríos, lagos y embalses. 예를 들면 강, 호수 그리고 댐과 같은

◆ lo que más te gustó : 네가 가장 좋았던 것(곳). 여기서 lo는 선행사 없이 독립적으로 사용하고 있다.
- Lo que más me gustó fue la comida. 가장 좋았던 것은 음식이야.
- Lo que más me gusta es la gente simpática. 가장 내 마음에 드는 것은 친절한 사람들이야.

◆ lo es : lo는 중성대명사로 앞의 문장 전체 또는 상호간에 이미 알고 있는 내용을 대신하여 사용한다.
- ¿Eres china? 너 중국 사람이니?
  No, no lo soy. Soy coreana. 아니, 난 중국 사람이 아니야. 나는 한국 사람이야.

다니엘 안녕, 수미. 똘레도 여행 어땠어?
수미 정말 멋졌어. 알까사르, 유대인 마을, 성벽 등 똘레도의 모든 것이 좋았어.
다니엘 가장 마음에 들었던 건 뭐였어?
수미 가장 마음에 든 것은 알까사르 성이야.
다니엘 알까사르는 나한테도 큰 감흥을 불러 일으켰어, 정말 멋져.
수미 맞아, 정말 그래.

연습문제

01 Audición Pista 074

다음을 듣고 빈칸을 채워 보세요.

A Voy a hacer ________ ________ a Toledo.

B Toledo es de una ________ cultural enorme.

C Enseguida voy a en la web ________ ________ ________ ________.

02 Lectura Pista 075

의미를 생각하면서 읽어 보세요.

A Me encantan las calles, las plazas y las iglesias.

B Lo que me gustó más fue el Alcázar.

C Además tiene muchas ventajas tales como visitas guiadas y bus turístico.

03 Escritura

다음 질문에 답을 써 보세요.

A ¿Qué vas a hacer mañana?

→ ____.

B ¿Cómo puedo llegar allí?

→ ____.

C ¿Has estado en España?

→ ____.

04 Conversación

다음을 보고 상황에 맞는 대화를 해 보세요.

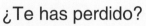

¿Te has perdido?

¿Qué fue lo que más te gustó?

어휘 익히기

#똘레도 기념품

- □ Toledo Card 똘레도 여행 전용 카드
- □ productos artesanales 수공예품
- □ cuchillo 나이프
- □ mazapán 마사빵
- □ recuerdos 기념품
- □ espada 검
- □ cerámica 도자기

똘레도

따호강

똘레도는 수도 마드리드에서 남쪽으로 약 70km에 위치한 인구 8만 명의 작지만 중요한 역사의 도시이다. 기독교, 유대교, 이슬람교 3대 문화가 공존하는 도시로 1986년 유네스코 세계문화유산으로 지정되었다. 한때 서고트 왕국과 이슬람 세력의 수도 역할을 하였으나, 1563년에 지리적 협소함으로 인해 수도가 마드리드로 이전되었다.

똘레도는 좁고 작은 골목들이 연이어 있는 아기자기한 마을이다. 길가에 있는 이 지역의 토산품(칼, 방패, 철갑 등)과 금은 세공은 여행객의 발길을 멈추게 한다. 똘레도에는 이탈리아 출신으로 똘레도를 너무 사랑한 엘 그레꼬의 그림, 도시를 둘러 멀리 포르투갈까지 이어지는 따호강, 똘레도 대성당, 알까사르 등 셀 수 없을 정도의 귀한 문화적 가치가 있는 유적지가 있다.

알까사르

대성당

똘레도

UNIDAD 11

산띠아고 가는 길

Camino de Santiago

핵심 포인트

- □ 불완료과거
- □ 전치사 para, por

스페인 산띠아고

구문 및 문법 핵심 포인트

불완료과거

형태

- -ar형 동사 어미는 -aba, -abas, -aba, -ábamos, -abais, -aban으로 -er형과 -ir형 동사 어미는 -ía, -ías, -ía, -íamos, -íais, -ían으로 바꾼다.
- 불완료과거 불규칙 동사는 ver, ser, ir 동사뿐이다.

주격 인칭 대명사	hablar	comer	vivir	ver	ser	ir
Yo	hablaba	comía	vivía	veía	era	iba
Tú	hablabas	comías	vivías	veías	eras	ibas
Él/Ella/Ud.	hablaba	comía	vivía	veía	era	iba
Nosotros/~as	hablábamos	comíamos	vivíamos	veíamos	éramos	íbamos
Vosotros/~as	hablabais	comíais	vivíais	veíais	erais	ibais
Ellos/Ellas/ Uds.	hablaban	comían	vivían	veían	eran	iban

용법

❶ 지난 날을 묘사할 때

- Mi madre era inteligente, hablaba coreano y español y nos quería mucho.
  우리 어머니는 현명하셨으며 한국어와 스페인어를 하셨고 우리를 무척 사랑하셨다.

❷ 과거의 반복 행동이나 습관적 행위

- No fumo ahora, pero antes fumaba mucho. 나는 현재 담배를 피우지 않지만 예전에는 많이 피웠다.

❸ 한 동작은 종료되었고 또 다른 동작은 계속되는 상태

- Me llamó Juan cuando salía de casa. 내가 집을 나서고 있었을 때 후안이 나에게 전화했다.

❹ 동시에 지속되고 있던 동작이나 상태

- Estudiaba mucho cuando era univesitario. 나는 대학생이었을 때 공부를 열심히 하였다.

❺ 의지는 있었으나 실행하지 못했을 때

- Iba a llamarte, pero no pude. 나는 너한테 전화하려고 했는데 할 수 없었다.

전치사 para, por

para 용법

- 목적, 대상(~위하여)

  ¿Trabajamos para vivir o vivimos para trabajar?
  우리들은 살기 위해 일하는가 아니면 일하기 위해 살고 있는가?

  La playa de San Sebastián es muy buena para los turistas.
  산세바스티안 해변은 관광객들에게 아주 좋은 곳이다.

- 용도(~으로)

  El cuchillo sirve para cortar algo.
  칼은 무언가 를 자르는데 사용된다.

- 방향(~로)

  Voy para Granada. 나는 그라나다로(그라나다 방향으로) 간다.

por 용법

- 원인, 이유(~때문에)

  Hoy luchamos por la patria como ayer. 오늘 우리는 어제처럼 조국을 위해 투쟁한다.

- 경유(~을 통해서)

  Paseamos por el parque Juan Carlos I. 우리들은 후안 까를로스 1세 공원을 거닌다.

- 단위(~당)

  ¿Cuánto ganas por hora? 시간당 얼마 버니?

동사 익히기

동사 및 시제	동사 변화	예문
직설법 현재		
alegrar 기쁘게 하다	alegro, alegras, alegra alegramos, alegráis, alegran	Me alegro de verte otra vez. 너를 다시 보게 되어 기쁘다.
necesitar 필요로 하다	necesito, necesitas, necesita necesitamos, necesitáis, necesitan	Necesitamos un trabajo a tiempo parcial este invierno. 우리들은 이번 겨울에 파트타임 일이 필요하다.
cumplir 완수하다	cumplo, cumples, cumple, cumplimos, cumplís, cumplen	Cumplo 22 años el viernes que viene. 다음 주 금요일이면 나는 22살이 된다.
직설법 단순과거		
andar 걷다	anduve, anduviste, anduvo, anduvimos, anduvisteis, anduvieron	Ayer anduve por todas partes para conseguir una aspirina. 어제 나는 아스피린 한 알을 구하기 위해 여기저기 다녔다.
직설법 불완료과거		
poder - 할 수 있다	podía, podías, podía, podíamos, podíais, podían	No podía hacer otra cosa entonces. 나는 그 당시에 다른 것은 할 수 없었다.
직설법 미래		
conocer 알다	conoceré, conocerás, conocerá conoceremos, conoceréis, conocerán	Conoceré a tu padre dentro de una semana. 일주일 뒤에 너의 아버지를 알게 될 거야.
ser ~이다	seré, serás, será, seremos, seréis, serán	Será fácil aprender español. 스페인어 배우는 것은 쉬울 거야.
tener 가지다	tendré, tendrás, tendrá, tendremos, tendréis, tendrán	Tendremos la oportunidad de conocernos. 우리는 서로 알게 될 기회를 갖게 될 거야.
명령형		
contar 이야기하다	-, cuenta(tú), cuente (Ud.), contemos (nosotros), contad (vosotros), cuenten(Uds.)	Cuéntanos tu infancia. 우리들에게 네 유년시절 이야기 좀 해 봐.

대화 ❶ 가족에게 여행 알리기

한 마디씩 읽기 Pista 076 전체 읽기 Pista 077

Sumi Mañana me voy a Santiago de Compostela.

Carlos Mmhh, conocerás toda España.

Sumi ¡Ojalá! Me gusta mucho viajar por España.

María Será un viaje bastante largo. Si necesitas ayuda, puedes llamarnos en cualquier momento.

Sumi (Dándoles dos besitos) Sois muy amables.

María Buenas noches, Sumi. Ya tienes que acostarte porque es muy tarde y mañana tendrás un viaje muy duro.

어휘 설명

- ¡Ojalá! 그렇게 되기를
- viajar por ~를 여행하다
- largo 긴
- ayuda 도움
- en cualquier momento 아무때나
- besito 볼키스
- duro 힘든

수미 저는 내일 산띠아고 꼼뽀스뗄라에 가요.
까를로스 음. 스페인 모두를 알게 되겠구나.
수미 그렇게 됐으면 좋겠어요! 전 스페인을 여행하는 것이 참 좋아요.
마리아 상당히 긴 여행이 될 거야. 만일 도움이 필요하다면 언제라도 우리들한테 전화하렴.
수미 (볼키스를 가족들에게 하면서) 여러분은 너무 친절하세요.
마리아 잘 자라, 수미야. 시간이 늦었고 또 내일은 힘든 여행을 하게 될 테니까 어서 자야지.

대화 내용 핵심 포인트

- me voy a ~ : '나는 ~에 간다'는 의미로 'voy a ~'라고 해도 되지만 me를 써서 상황을 강조할 수 있다.
- dos besitos : 스페인에서는 통상 오른쪽, 왼쪽 두 번 볼에 키스한다. 입술을 볼에 대지는 않고 서로의 뺨을 부딪히며 공중에서 '쪽'하는 소리를 낸다. 라틴아메리카에서는 통상 한 번 하는 경우가 많다. 친숙한 관계가 되면 볼키스는 선택이 아니라 필수이다.

대화 ❷ 산띠아고 순례길 경험 말하기

한 마디씩 읽기 Pista 078 | 전체 읽기 Pista 079

Carlos　Ah, Sumi, me alegro mucho de verte otra vez sana y salva.

Sumi　Yo también. Fue un viaje duro, pero muy interesante.

Carlos　Cuéntanos, ¿qué tal el viaje?

Sumi　Anduve algunos días por el Camino de Santiago pensando en mi futuro.

Carlos　¿Quéééé~? Eres una chica muy valiente.

Sumi　Al principio era muy difícil andar 20 kilómetros al día. Pero andando podía tener tiempo para pensar.

어휘 설명

- me alegro de verte 너를 보게 되어 기쁘다
- otra vez 또다시
- sana 건강한
- salva 안전한
- interesante 재미있는
- anduve(andar) por ~을 걸었다
- valiente 용감한
- al principio 처음에는
- difícil 어려운
- al día 하루에

까를로스 아, 수미야. 건강하게 무사히 돌아온 네 모습을 다시 보니 무척 기쁘구나.

수미 저도 그래요. 힘든 여행이었지만 아주 재미있었어요.

까를로스 우리들한테 얘기 좀 해 봐, 여행 어땠어?

수미 며칠 간은 제 장래를 생각하면서 산띠아고 순례자의 길을 따라 걸었어요.

까를로스 뭐라고? 너 참 용감하구나.

수미 처음에는 하루에 20킬로미터씩 걷는 것이 정말 힘들었어요. 그런데 걸으면서 생각할 수 있는 시간을 가질 수 있었어요.

대화 내용 핵심 포인트

◆ ¿ Qué tal el viaje? : ¿Qué tal?은 안부를 묻는 표현이기도 하지만 뒤에 명사를 붙여 해당 분야의 현재 상태를 물어볼 수도 있다.
- ¿Qué tal el trabajo? 하는 일 어때(잘 돼 가)?
- ¿Qué tal el examen? 시험 어때(어땠어)?

◆ pensando en mi futuro : pensar(생각하다) 동사 다음에 명사 또는 인칭대명사가 오면 전치사 en을 수반한다.
- Pienso en ti. 나는 너를 생각해.
- Pienso en el examen final. 나는 기말고사에 대해 생각해.
- Pienso ir a la casa de mi abuelo. 나는 할아버지 댁에 갈 생각이야.

* pensar + 동사원형 : ~할 생각이다(현재의 형태이나 미래적 의미이다)

대화 ❸ 생일 파티에서

한 마디씩 읽기 Pista 080 | 전체 읽기 Pista 081

María Hola a todos. Vamos al patio. Es la hora de la fiesta.

Sumi ¿Una fiesta? ¿qué fiesta?

María Hoy es el cumpleaños de Ana. Vamos a celebrarlo.

Sumi Ana, felicidades. ¿Cuántos años cumples?

Ana 22 años. Gracias por venir. Vamos a hacer un brindis por nuestra amistad.

Sumi & Ana ¡Salud!

어휘 설명

- patio 뜰
- fiesta 파티
- cumpleaños 생일
- celebrar 축하하다
- felicidades 축하해
- gracias por ~해 주어 고맙다
- hacer un brindis por ~을 위해 건배하다
- ¡Salud! 건강을 위하여!

마리아 자, 모두 정원으로 가세요. 파티 시간입니다.
수미 파티요? 무슨 파티에요?
마리아 오늘이 아나 생일이란다. 생일 축하할 거야.
수미 아나, 생일 축하해. 몇 살 되는 거야?
아나 22살. 와 줘서 고마워. 우리들의 우정을 위해 건배하자.
수미& 아나 건배!

대화 내용 핵심 포인트

◆ ¡Salud! : 가장 보편적이며 간단한 건배사이다. 보통 친한 모임에서는 건배로 파이팅을 외칠 때 ¡Arriba, abajo, al centro y adentro(위로, 아래로, 중앙으로, 안으로, 즉 들이 마시자!)라고 외친다.

연습문제

01 Audición Pista 082

다음을 듣고 빈칸을 채워 보세요.

A Mmhh, ________ toda España.

B Si necesitas ayuda, puedes ________ en ________ momento.

C ¿ ________ años cumples?

02 Lectura Pista 083

의미를 생각하면서 읽어 보세요.

A Anduve algunos días por el Camino de Santiago pensando en mi futuro.

B Si necesitas algo, puedes llamarme.

C Me alegro mucho de verte otra vez.

03 Escritura

A문장과 어울리는 문장을 **B**에서 찾아 연결해 보세요.

A	B
Si tengo tiempo,	❶ Yo también.
Me alegro de verte.	❷ quiero ir a la playa.
Si necesitas algo,	❸ puedes llamarme.

04 Conversación

다음을 보고 상황에 맞는 대화를 해 보세요.

Me alegro mucho
de verte.
¿Qué tal el viaje?

Muchas gracias.
Cumplo 22 años.

어휘 익히기

#배낭객의 필수물품

- □ calzado 트레킹화
- □ pantalones cortos 반바지
- □ camisetas 셔츠
- □ ropa interior 속옷
- □ cepillo 치솔
- □ desodorante 탈취제
- □ esterilla 매트
- □ almohada 베개
- □ pantalones de media montaña 등산복 바지
- □ sudadera 땀복
- □ calcetines sin costuras 바느질 자리가 없는 양말
- □ chanclas 슬리퍼
- □ pasta de dientes 치약
- □ saco de dormir 침낭
- □ toalla especial 기능성 수건
- □ protección solar 햇빛 차단제
- □ documentación 서류(pasaporte 여권, tarjeta sanitaria 의료카드, tarjeta de crédito 신용카드 credencial del peregrino 순례자 증명서 etc.)
- □ chubasquero 비옷
- □ teléfono móvil 휴대폰
- □ cargador 충전기
- □ navaja 만능칼
- □ mochila 배낭
- □ bastón 스틱
- □ sombrero 모자
- □ pequeño botiquín 구급약함
- □ pequeña linterna 소형 랜턴
- □ cámara de fotos 사진기

El Camino de Santiago

스페인의 산띠아고 순례길은 1982년 최초로 교황 요한 바오로 2세가 방문하고, 1987년 유럽연합(EU)에 의해 유럽의 문화유적으로 지정되고, 1993년 유네스코가 순례길을 세계문화유산에 등재하면서 세계적으로 주목을 받게 되었다. 또한 1997년 파울로 코엘료가 순례길을 걸으면서 영감을 얻어 발표한 작품 〈연금술사〉가 세계적인 밀리언 셀러가 되면서 이 길은 순례의 목적에 더하여 새로운 문화적 가치가 접목되면서 많은 이들이 찾고 있다.

UNIDAD 12

여행사에서 티켓팅

Comprar un billete en una agencia de viajes

핵심 포인트

□ 명령형

□ 직설법 가정미래

PLVS
VLTRA
PLVS
VLTRA
INDIAN
OCEAN
AUSTRALIA

구문 및 문법 핵심 포인트

명령형

명령형을 제대로 구사하기 위해서는 직설법과 접속법 현재 변화형을 파악해야 한다.

- 긍정 명령

❶ tú의 명령형은 직설법 현재 3인칭 단수를 사용한다.

❷ usted, ustedes 및 nosotros/~as의 명령형과 부정 명령형의 형태는 접속법의 형태를 사용한다. 즉, ~ar 동사는 ~er/~ir 동사의 형태로, ~er/~ir 동사는 ~ar 동사의 형태로 바꿔 준다.

❸ vosotros/~as의 **명령형** : 동사원형의 어미 '-r'를 'd'로 바꾸어 준다.

❹ nosotros/~as **명령형** : '우리 ~ 합시다'라는 의미의 청유형이 된다.

- 부정 명령

– 접속법 변화 형태로 바꿔준다.

	hablar		comer		vivir	
	긍정 명령	부정 명령	긍정 명령	부정 명령	긍정 명령	부정 명령
Tú	Habla	No hables	Come	No comas	Vive	No vivas
Ud.	Hable	No hable	Coma	No coma	Viva	No viva
Nosotros/~as	Hablemos	No hablemos	Comamos	No comamos	Vivamos	No vivamos
Vosotros/~as	Hablad	No habléis	Comed	No comáis	Vivid	No viváis
Uds.	Hablen	No hablen	Coman	No coman	Vivan	No vivan
예문	Háblame en voz alta. 내게 큰 소리로 말해.		Come rápido. 빨리 먹어.		Vivamos la vida plenamente. 풍성한 삶을 누립시다.	

* 스스로에게 명령하는 경우는 없으므로 1인칭 표현은 없다.

* 불규칙 경우 접속법 현재 변화는 직설법 1인칭 단수 어간에서 유추해 낸다.

예 poner: pongo → ponga / tener: tengo → tenga

기타 명령 표현

직설법 미래는 대체로 완곡한 명령을 나타내지만 경우에 따라 강한 명령도 의미한다.

- No saldrás esta noche. 오늘 밤 나가지 마라.
- No matarás. (십계명) 살인하지 말지어다.

부정사를 사용하면 불특정 다수에게 전달하는 명령의 표현이 된다.

- No fumar aquí. 여기서 담배 피우지 마시오.

일반적으로 'A(전치사) + 동사원형'을 써서 명령 및 청유의 표현을 나타낸다.

- A comer. 식사합시다.

직설법 가정미래

규칙 동사의 가정 미래 변화는 ~ar, ~er, ~ir 동사원형에 활용어미 -ía, -ías, -ía, -íamos, -íais, -ían을 붙인다.

가정미래 규칙

주격 인칭	활용 어미	hablar	comer	vivir
Yo	ía	hablaría	comería	viviría
Tú	ías	hablarías	comería	vivirías
Él/Ella/Ud.	ía	hablaría	comería	viviría
Nosotros/~as	íamos	hablaríamos	comeríamos	viviríamos
Vosotros/~as	íais	hablaríais	comeríais	viviríais
Ellos/Ellas/Uds.	ían	hablarían	comerían	vivirían

불규칙 동사 변화

동사원형	▶	어간	▶	어미	▶	decir 가정미래
decir		dir-				
hacer		har-				
querer		querr-		-ía		diría
saber		sabr-		-ías		dirías
venir		vendr-		-ía		diría
salir		saldr-		-íamos		diríamos
poner		pondr-		-íais		diríais
poder		podr-		-ían		dirían
tener		tendr-				

용법

❶ 직접화법에서 과거를 기준으로 하는 미래의 표현을 간접화법으로 바꾸어 표현할 때

- Ella me dijo que volvería en Navidad. 그녀는 내게 크리스마스 때 돌아올 것이라고 말했어요.

  → (직접화법) Ella me dijo: "volveré en Navidad."

❷ 현재나 미래의 낮은 가능성(미래에 비해 더 낮은 추측)

- ¿Cuántos años tiene Ana? 그녀는 몇 살이이야?

  Ana tiene 25 años.> Ana tendrá 25 años.> Ana tendría 25 años.

  아나는 25살이다. 〉 아나는 25살쯤 됐을거야. 〉 아나는 아마도 25살쯤 되지 않았을까.

❸ 하고는 싶은데 이루지 못하는 데 따른 겸양 또는 아쉬움을 표현

- Me gustaría aceptar tu invitación, pero me es imposible porque tengo mucho que hacer. 나는 네 초대에 정말로 응하고 싶은데, 할 일이 많아서 불가능해.

❹ 정중한 표현

- ¿Podría ayudarme? 저 좀 도와주실 수 있습니까?

동사 익히기

동사 및 시제	동사 변화	예문
직설법 현재		
interesar 흥미를 갖게 하다	intereso, interesas, interesa, interesamos, interesáis, interesan	Me interesa mucho la historia de España. 나는 스페인 역사에 관심이 많다.
necesitar 필요로 하다	necesito, necesitas, necesita necesitamos, necesitáis, necesitan	Necesitamos invertir más dinero en investigación y desarrollo. 우리들은 R&D에 더 많은 돈을 투자할 필요가 있다.
pesar 무게가 나가다	peso, pesas, pesa pesamos, pesáis, pesan	Peso bastante, por lo tanto, necesito una dieta. 나는 과체중이므로 다이어트가 필요하다.
salir 나가다	salgo, sales, sale salimos, salís, salen	Salgo de casa a las ocho. 나는 8시에 집을 나선다.
직설법 가정미래		
gustar 좋아하다	gustaría, gustarías, gustaría, gustaríamos, gustaríais, gustarían	Me gustaría sacar buenas notas. 나는 좋은 성적을 받고 싶다.
ser -이다	sería, serías, sería, seríamos, seríais, serían	Serían las once de la noche. 아마 밤 11시였을 것이다.
poder 할 수 있다	podría, podrías, podría, podríamos, podríais, podrían	¿Me podría hacer un descuento? 제게 할인을 해 주시겠습니까?
명령형		
esperar 기다리다	-, espera, espere, esperemos, esperad, esperen	Esperen un tiempo oportuno para encontrar trabajo. 일자리를 구하기 위해서는 적당한 때를 기다리세요.
dar 주다	-, da, dé, demos, dad, den	Javier, dame la sal. 하비에르, 소금 좀 건네 줘.
poner 놓다	-, pon, ponga, pongamos, poned, pongan	Pon el florero encima de la mesa. 탁자 위에 꽃병을 놓아라.
sacar 꺼내다	-, saca, saque, saquemos, sacad, saquen	Saquen el libro de la cartera. 가방에서 책을 꺼내세요.
levantar 일으켜 세우다	-, levanta, levante, levantemos, levantad, levanten	Levanta a los heridos. 부상자들을 일으켜 줘.
quitar 치우다	-, quita, quite, quitemos, quitad, quiten	Quite la mancha de vinto tinto. 적포도주 얼룩을 제거해 주세요.
pasar 지내다	-, pasa, pase, pasemos, pasad, pasen	Pasen bien el fin de semana. 주말 잘 지내세요.

대화 ❶ 멕시코행 비행기표 발권하기

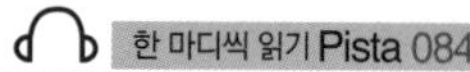

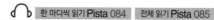

Sumi	Hola, me gustaría hacer un viaje por Sudamérica o el Caribe.
agente de viajes	¿A qué país le gustaría ir?
Sumi	Quiero ir a México el martes que viene.
agente de viajes	Espere, voy a comprobar si hay asientos disponibles. Gracias por la espera, señorita. Tenemos un par de vuelos: a las 11:00 y a las 20:00 hrs. ¿Cuál sería más conveniente para Ud.?
Sumi	Me interesa más el de las 20:00 hrs. Gracias.

어휘 설명

- hacer un viaje por ~로 여행하다
- agente de viajes 여행사 카운터 직원
- comprobar 확인하다
- si ~인지 아닌지
- asiento 좌석
- disponible 사용 가능한
- espera 기다림
- un par 두 편
- vuelo 비행편
- conveniente 편리한

수미 안녕하세요, 남미나 카리브 쪽으로 여행하고 싶은데요.
여행사 카운터 직원 어떤 나라에 가고 싶으세요?
수미 다음 주 화요일에 멕시코에 가고 싶어요.
여행사 카운터 직원 잠시만요, 가능한 좌석이 있는지 확인해 볼게요.
기다려 주셔서 고맙습니다. 비행편이 11시와 밤 8시가 있네요. 어떤 비행편이 더 좋으신가요?
수미 밤 8시 편이 더 좋겠네요. 고맙습니다.

대화 내용 핵심 포인트

- el martes que viene(= el próximo martes) : 다가 오는 화요일, 즉 다음 주 화요일
  - este martes: 이번 화요일
- Gracias por : ~ 에 대해 고맙다
  - Gracias por tu ayuda. 너의 도움이 고맙다.
- a las 11:00 y a las 20:00: a las once y a las veinte
  - 항공, 국방 등에서는 헷갈리지 않도록 시간을 24시로 표현한다.
    따라서 a las once라면 오전 11시이고, a las veinte는 20시, 즉 오후 8시를 말한다. 또는 a las ocho de la noche라고도 할 수 있다.
- Me interesa ~ : '나는 ~하는 것에 관심이 있다'는 뜻으로 gustar 동사와 같은 용법으로 쓰이는 역구조 동사다.
  - Me interesa aprender español. 나는 스페인어 배우는 데 관심이 있다.

대화 ❷ 공항 카운터에서 수속

한 마디씩 읽기 Pista 086 | 전체 읽기 Pista 087

Azafata de mostrador ¿Puedo ver su pasaporte y su e-ticket, por favor?

Sumi Aquí los tiene. Necesito facturar dos maletas.

Azafata de mostrador De acuerdo, deme primero la menos pesada. Esta pesa 11 kg. Ahora, deme la otra.

¿Cuál prefiere Ud., ventana o pasillo?

Sumi Pasillo, por favor.

Azafata de mostrador Aquí tiene su tarjeta de embarque. Su vuelo sale a las 20:00 de la puerta 21. Tiene que estar antes de las 19: 30 en la puerta.

어휘 설명

- azafata de mostrador 공항 카운터 승무원
- pasaporte 여권
- facturar 체크인하다
- maleta 트렁크
- primero 먼저
- pesa 무게가 나가다
- ventana 창가
- pasillo 복도
- tarjeta de embarque 탑승 카드
- puerta 게이트
- antes de ~이전에

공항 카운터 승무원 여권과 전자티켓 좀 보여 주시겠어요?

수미 여기 있어요, 트렁크 2개 체크인이 필요합니다.

공항 카운터 승무원 네, 먼저 가벼운 트렁크를 주세요. 이 가방은 11kg이네요. 이제 다른 트렁크 주세요.

창가와 복도 중 어느 쪽을 선호하시나요?

수미 복도로 부탁합니다.

공항 카운터 승무원 여기 항공권이 있습니다. 비행기는 21번 게이트에서 8시에 출발합니다. 7시 30분까지는 게이트에 계셔야만 합니다.

대화 내용 핵심 포인트

- Aquí los tiene : los는 여권과 전자티켓을 의미한다.
- la menos pesada : la와 pesada는 la maleta를 받고 있으며, menos는 가방 두 개 중 무게가 덜 나가는 것을 의미한다.

대화 ❸ 출국 검색대를 통과하면서

한 마디씩 읽기 Pista 088 전체 읽기 Pista 089

Inspector ¿Puedo ver su pasaporte y tarjeta de embarque?

Sumi Aquí los tiene.

Inspector Ponga su equipaje aquí y saque todos los objetos de metal de su bolsillo.

Levante los brazos. Quítese las gafas, los zapatos y el cinturón.

Pase por el detector de metales.

¿Podría abrir sus maletas, por favor?

Sumi De acuerdo.

어휘 설명

- inspector 공항검색요원
- equipaje 짐
- objeto 물건
- metal 금속
- bolsillo 주머니
- brazo 팔
- quitarse 벗다
- gafas 안경
- zapato 구두
- cinturón 벨트
- etc. Etcétera의 약어
- detector de metales 금속탐지대

공항검색요원 여권과 항공권 보여 주시겠습니까?
수미 여기 있습니다.
공항검색요원 여기에 짐을 놓으시고 주머니에서 금속으로 된 물건을 모두 꺼내 놓으세요.
팔을 들어 주시고, 안경, 구두, 벨트 등을 벗어 주세요.
금속탐지대를 통과해 주세요.
트렁크를 열어 볼 수 있을까요?
수미 그럼요.

대화 내용 핵심 포인트

- pase por(pasar por) : ~를 지나가다, 통과하다
  - 존칭 명령형으로 쓰여 '지나가십시오'라고도 한다.
  - Voy a pasar por los Pirineos. 나는 피레네 산맥을 넘으려 한다.
- ¿Podría ~? : 동사의 가정 미래를 사용해서 정중함을 나타내는 표현이다. 상대방에게 간곡하게 청하는 경우 사용할 수 있도록 연습해 두자.
  - ¿Podría pasar por su oficina a partir de las diez?
    10시 이후에 당신 사무실에 들러도 될까요?

연습문제

01 Audición Pista 090

다음을 듣고 빈칸을 채워 보세요.

A Necesito ________ dos maletas.

B Ponga su equipaje aquí y ________ todos los objetos de metal de su ________.

C ¿Cuál sería más ________ para Ud?

02 Lectura Pista 091

의미를 생각하면서 읽어 보세요.

A Levante los brazos y quítese las gafas, los zapatos y el cinturón.

B Su vuelo sale a las 20:00 de la puerta 21.

C Tiene que estar antes de las 19:30.

03 Escritura

자유롭게 빈칸을 채워 문장을 완성해 보세요.

A ¿Puedo ver ________________________________?

B Me gustaría ________________________________.

C ¿A qué país ________________________________?

04 Conversación

다음을 보고 상황에 맞는 대화를 해 보세요.

어휘 익히기

#공항 어휘

- □ mostrador 공항 항공사 카운터
- □ avión 비행기
- □ llegada 도착
- □ salida 출발
- □ puerta 게이트
- □ sala de espera 출발 라운지
- □ cinta de equipaje 컨베이어 벨트
- □ revisión de seguridad 보안 검사
- □ aduana 세관

- □ tarjeta de embarque 보딩 패스
- □ boleto 항공권
- □ auxiliar de vuelo 비행 승무원
- □ azafata 여승무원
- □ aeromoza 승무원
- □ piloto 조종사

UNIDAD 13

멕시코로 향하다

Hacia México

핵심 포인트

- □ 지시대명사
- □ 비교급

멕시코의 마리아치

구문 및 문법 핵심 포인트

지시사

	이것/이것들		그것/그것들		저것/저것들	
	단수	복수	단수	복수	단수	복수
남성	este	estos	ese	esos	aquel	aquellos
여성	esta	estas	esa	esas	aquella	aquellas
중성	esto		eso		aquello	

- 지시사는 지시형용사와 지시 대명사로 사용된다. 지시형용사와 지시대명사는 중성을 제외하고는 형태가 같아 문맥상으로 구별하는 방법밖에는 없다.
  - Esta(지시형용사) naranja es de España y esa(지시대명사) es de California.
    이 오렌지는 스페인 산이고 그것은 캘리포니아 산이다.
  - Esta(지시대명사) es una de las mejores obras de Goya. 이것은 고야의 가장 훌륭한 작품 중 하나이다.
- 지시대명사 aquel과 este는 문장에서 각각 '전자'와 '후자'이다.
  - Allí están Carlos y Laura; aquel es madrileño y esta es vasca.
    저기 까를로스와 라우라가 있네. 전자(Carlos)는 마드리드 남성이고 후자(Laura)는 바스크 여성이야.
- 중성 대명사 는 모르는 것을 가리키거나 앞서 언급한 내용 전체를 가리킬 때 사용한다. 중성 대명사는 복수형이 따로 없다.
- ¿Qué es esto/eso/aquello? 이것(그것/저것)은 무엇입니까?

비교급

❶ 우등 비교 : más + 형용사/명사/부사 + que

- Esta maleta es más grande que aquella. 이 트렁크는 저것보다 더 크다.
- Tengo más experiencia que Alejandro en este trabajo.
  나는 이 일에 있어 알레한드로보다 경험이 많다.

❷ 열등 비교 : menos + 형용사/명사/부사 + que

- Soy menos alta que Ana. 나는 아나보다 키가 덜 크다.
- Sumi tiene menos libros que Daniel. 수미는 다니엘보다 책을 적게 가지고 있다.

❸ 동등 비교 : tan + 형용사/부사 + como
tanto/tanta/tantos/tantas + 명사 + como // 동사 + tanto como

- Perú es tan grande como Colombia. 페루는 콜롬비아만큼 크다.
- Ana habla español tan bien como tú. 아나도 너만큼 스페인어를 잘해.
- Tengo tanta hambre como tú. 나도 너만큼 배가 고파.
- Tenemos tantos libros como ellos. 우리들도 그들만큼 책을 가지고 있다.

* tanto A como B : B뿐만 아니라 A도

- Tengo clases tanto el lunes como el viernes. 나는 수업이 금요일뿐만 아니라 월요일에도 있다.
- Me gusta tanto el pescado como la carne. 나는 고기뿐만 아니라 생선도 좋아한다.

❹ 최상급 : 정관사 + 명사(생략 가능) + más/menos + 형용사 + 전치사(de, en, entre)

- Visitamos el jardín más bello de Andalucía.
  우리들은 안달루시아에서 가장 아름다운 정원을 방문한다.
- Ella es la más simpática entre mis amigas. 그녀는 내 친구들 중에서 가장 상냥하다.

❺ 기타 비교급

- Preferir A a B ~ : B보다 A를 더 좋아한다(선호하다)
  Prefiero el café al té. 차보다 커피를 더 좋아한다.
- superior a와 inferior a의 우등 비교와 열등 비교
  - Juan es superior a Jorge en fuerza. 후안은 힘에서 호르헤보다 우위에 있다.
  - Nunca eres inferior a Carmen en talento. 너는 재능 면에서 결코 까르멘보다 열등하지 않다.

불규칙 형태의 비교급과 예문

원급	비교급	예문
bien/bueno	mejor	Roberto habla inglés mejor que Jorge. 로베르또는 호르헤보다 영어를 더 잘한다.
mal/malo	peor	Esta manzana es peor que aquella. 이 사과는 저 사과보다 더 안 좋다.
grande	mayor	España es mayor que Corea. 스페인은 한국보다 (면적이) 더 크다. Su amiga es dos años mayor que él. 그의 여자 친구는 그보다 2살 연상이다.
pequeño	menor	Paco es menor que yo. 빠꼬는 나보다 어리다.
mucho	más	Ella sabe más que yo. 그녀는 나보다 더 많이 안다.
poco	menos	Tú hablas menos que Bora. 너는 보라보다 말을 조금 한다.

동사 익히기

동사 및 시제	동사 변화	예문
직설법 현재		
volver 돌아가다/오다	vuelvo, vuelves, vuelve, volvemos, volvéis, vuelven	Volvemos a casa después de la clase. 우리들은 수업이 끝난 후에 집으로 돌아간다.
직설법 미래		
quedar 위치해 있다	quedaré, quedarás, quedará, quedaremos, quedaréis, quedarán	Mi cssa queda muy cerca de aquí. 나의 집은 여기에서 아주 가까이에 있다.
hospedar 숙박하다	hospedaré, hospedarás, hospedará, hospedaremos, hospedaréis, hospedarán	Me hospedaré desde el 7 de julio hasta 21 de agosto en su hotel. 당신의 호텔에서 7월 7일에서 8월 21일까지 투숙할 것이다.
명령형		
disculpar 용서하다	-, disculpa, disculpe, disculpemos, disculpad, disculpen	Disculpa las molestias ocasionadas por no poder acceder a Gmail. Gmail에 접속할 수 없어 야기된 불편에 대해 사과하는 바이다.

대화 ❶ 멕시코행 비행기 안에서

한 마디씩 읽기 Pista 092 전체 읽기 Pista 093

Sumi ¿Cuándo nos van a servir la primera comida, por favor?

Azafata Dentro de 30 minutos, señorita.

¿Quiere pollo o pescado?

Sumi Pollo, por favor.

Azafata ¿Ha rellenado su formulario de inmigración y la declaración de aduanas?

Sumi Sí, gracias. Muy amable.

Azafata De nada. Es mi trabajo.

어휘 설명

- servir 서비스하다
- dentro de ~이내에
- pollo 닭고기
- pescado 생선
- formulario de inmigración 입국 서류
- declaración de aduanas 세관 신고서

수미 언제 첫 식사 서비스가 되나요?
여승무원 30분 뒤예요, 손님(아가씨).
닭고기를 원하세요, 아니면 생선을 원하세요?
수미 닭고기 부탁합니다.
여승무원 입국 서류와 세관 신고서 작성하셨나요?
수미 네, 고맙습니다. 아주 친절하시네요.
여승무원 천만에요. 제 일인걸요.

대화 내용 핵심 포인트

- ¿Cuándo nos van a servir la primera comida? : 특정 여승무원에게 물어보지만 전체 승무원을 대상으로 3인칭 복수를 사용해 물어보는 것이 좋다.
- Dentro de 30 minutos : 30분 안에

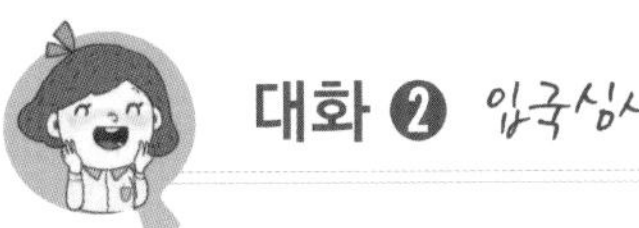

대화 ❷ 입국심사대에서

한 마디씩 읽기 Pista 094 | 전체 읽기 Pista 095

Inspector ¿Es la primera vez que visita México?

Sumi No, hace 2 años que estuve aquí de vacaciones.

Inspector ¿Cuánto tiempo se quedará?

Sumi Me quedaré una semana.

Inspector ¿Y dónde se hospedará?

Sumi En un hotel cerca del Zócalo.

어휘 설명

- primera vez 첫 번째
- quedarse 머무르다
- hospedarse 묵다
- cerca de ~가까이에

대화 내용 핵심 포인트

◆ hace A(기간) que B : A 전에 B하다

- Hace un año que nos conocimos.
  우리들은 1년 전에 만났다.(서로를 알게 되었다.)
- Hace una hora que te estoy esperando en la oficina.
  1시간 전부터 사무실에서 나는 너를 기다리고 있어.

입국심사관 멕시코 방문이 처음인가요?
수미 아니요, 2년 전에 여기에서 휴가를 보냈습니다.
입국심사관 얼마나 체류할 예정입니까?
수미 1주일 간 머물 겁니다.
입국심사관 어디에서 묵으실 건가요?
수미 소깔로 광장 근처의 호텔이요.

대화 ❸ 공항 클레임 센터(Baggage claim)에서

한 마디씩 읽기 Pista 096 전체 읽기 Pista 097

Sumi Disculpe, no encuentro mi maleta. No está en la cinta de equipajes.

Policía de aduanas Voy a buscarla, deme el boleto, por favor. ¿Cómo era la maleta?

Sumi Era un poco más grande que una maleta de cabina. Y el color era azul. Un poco más oscura que su camiseta.

Policía de aduanas Vuelvo en cinco minutos. Espere aquí, por favor. Señorita, ¿es esta?

Sumi Oh, muchas gracias.

어휘 설명

- policía de aduanas 세관원
- boleto 탑승권
- más grande que ~보다 더 큰
- maleta de cabina 기내용 가방
- azul 파란
- oscura 어두운
- camiseta 셔츠

수미 죄송합니다만 제 트렁크가 없는데요. 컨베이어 벨트에 없어요.

세관원 제가 트렁크를 찾아보겠습니다. 탑승권 주시겠어요. 트렁크가 어떻게 생겼나요?

수미 기내용 가방보다 조금 더 커요. 색깔은 파란색이고요. 당신의 셔츠 색보다 조금 더 진해요.

세관원 5분 안에 돌아오겠습니다. 여기서 기다려 주세요. 아가씨, 이 트렁크인가요?

수미 와우, 대단히 고맙습니다.

대화 내용 핵심 포인트

- ¿Cómo era la maleta? : era는 탑승 수속 당시 수미의 가방 형태를 물어보는 것이 되어서 불완료과거를 썼는데 현재형 es로 써도 된다.
- la cinta de equipaje : 컨베이어 벨트
  - la banda라고도 한다.

연습문제

01 Audición Pista 098

다음을 듣고 빈칸을 채워 보세요.

A Dentro de ________ ________, señorita.

B En un hotel ________ ________ Zócalo.

C ¿Es la ________ ________ que visita México?

02 Lectura Pista 099

의미를 생각하면서 읽어 보세요.

A ¿Ha rellenado su formulario de inmigración?

B ¿Cuánto tiempo se quedará?

C No está en la cinta de equipajes.

03 Escritura

질문에 자유롭게 답하세요.

A ¿Cuándo nos vas a visitar?

→ ________________________________.

B ¿Qué quieres comer?

→ ________________________________.

C ¿Cuánto tiempo vas a quedarte en México?

→ ________________________________.

04 Conversación

다음을 보고 상황에 맞는 대화를 해 보세요.

¿Ha rellenado
su formulario de
inmigración?

¿Es la primera visita
a México?

어휘 익히기

#항공 여행

- □ destino 목적지
- □ vuelo doméstico 국내선
- □ vuelo internacional 국제선
- □ salida de emergencia 비상 탈출구
- □ demorado 지연
- □ aterrizaje 착륙
- □ aterrizaje de emergencia 긴급 착륙
- □ jet lag 시차로 인한 피로감
- □ chaleco salvavidas 구명 조끼
- □ vuelo directo 직항
- □ escala 스톱 오버
- □ libre de impuestos 면세
- □ listado de horarios 항공편 발착 시간표
- □ pasillo 통로측
- □ ventanilla 창측
- □ capitán 기장

문화탐색 Descubriendo culturas

소깔로 광장

멕시코 소깔로 광장은 우리나라 시청 광장과 같이 수도의 대표적인 소통 현장이다. 수많은 단체 모임과 시위 장소이면서 전 세계의 관광객들과 어우러지는 공간이기도 하다. 라틴아메리카도 스페인 및 유럽의 영향을 받아 광장 문화가 대표적이라고 할 수 있다. 광장에는 대통령궁과 240년에 걸쳐 건축이 되면서 다양한 건축양식이 가미된 대성당과 고대 아즈텍(Azteca) 제국의 신전 등이 있어 볼거리를 더해 준다.

UNIDAD 14

호텔 체크인

Registrarse en el hotel

핵심 포인트

- □ 기수와 서수
- □ tener + 과거분사 구문

멕시코 칸쿤

구문 및 문법 핵심 포인트

기수와 서수

기수

0	cero	10	diez	20	veinte	30	treinta
1	uno/un/una	11	once	21	veintiuno/~ún/~una	31	treinta y uno/~un/~una
2	dos	12	doce	22	veintidós	32	treinta y dos
3	tres	13	trece	23	veintitrés	33	treinta y tres
4	cuatro	14	catorce	24	veinticuatro	34	treinta y cuatro
5	cinco	15	quince	25	veinticinco	35	treinta y cinco
6	seis	16	dieciséis	26	veintiséis	36	treinta y seis
7	siete	17	diecisiete	27	veintisiete	37	treinta y siete
8	ocho	18	dieciocho	28	veintiocho	38	treinta y ocho
9	nueve	19	diecinueve	29	veintinueve	39	treinta y nueve

10단위		100 단위		큰 숫자	
10	diez	100	cien(to)	1.000	mil
20	veinte	200	doscientos/~as	10.000	diez mil
30	treinta	300	trescientos/~as	100.000	cien mil
40	cuarenta	400	cuatrocientos/~as	1.000.000	un millón
50	cincuenta	500	quinientos/~as	10.000.000	diez millones
60	sesenta	600	seiscientos/~as	100.000.000	cien millones
70	setenta	700	setecientos/~as	1.000.000.000	mil millones
80	ochenta	800	ochocientos/~as	10.000.000.000	diez mil millones
90	noventa	900	novecientos/~as	100.000.000.000	cien mil millones
				1.000.000.000.000	un billón

※ 숫자 표기 주의 사항

- uno는 남성 명사 앞에서 'o' 탈락
  - un alumno 한 명의 남학생
  - 21: veintiún alumnos
- 100: ❶ cien días 100일
  - ❷ 뒤에 100보다 작은 수가 붙는 경우 : ciento
    - ciento un alumnos 101명의 학생들
  - ❸ 100보다 큰 수가 오는 경우: cien
    - cien mil euros 십만 유로
- 200 이상의 백 단위 수는 뒤에 따라오는 명사의 성 · 수 변화에 일치해야 한다.
  - doscientos alumnos 200명의 학생들

서수

서수는 명사의 앞과 뒤 모두 올 수 있으며, 명사의 성 • 수에 일치시켜야 한다.

- La lección primera=la primera lección=la lección 1(uno) : 제1과
- el primer día : 첫째 날(=el día primero)
- Vivo en el tercer piso. 나는 3층에 살아요.
  * primero와 tercero는 남성 단수 명사 앞에서 어미 '-o'가 탈락된다.
- Felipe VI(sexto) de España es el actual rey de España. 펠리뻬 6세는 스페인의 현재 왕이다.

열한 번째부터는 기수를 써도 좋으나 문서에는 서수로 사용한다.

- Corea es el 13er.(decimotercer) país exportador del mundo. 한국은 세계 13위의 수출국이다.

서수

1	primero	11	undécimo	21	vigésimo primero	31	trigésimo primero
2	segundo	12	duodécimo	22	vigésimo segundo	40	cuadragésimo
3	tercero	13	decimotercero	23	vigésimo tercero	50	quincuagésimo
4	cuarto	14	decimocuarto	24	vigésimo cuarto	60	sexagésimo
5	quinto	15	decimoquinto	25	vigésimo quinto	70	septuagésimo
6	sexto	16	decimosexto	26	vigésimo sexto	80	octogésimo
7	séptimo	17	decimoséptimo	27	vigésimo séptimo	90	nonagésimo
8	octavo	18	decimoctavo	28	vigésimo octavo	100	centésimo
9	noveno	19	decimonoveno	29	vigésimo noveno	1.000	milésimo
10	décimo	20	vigésimo	30	trigésimo	1.000.000	millonésimo

'tener + 과거분사' 구문

'tener + 과거분사'의 경우 과거분사는 목적보어로 사용되며, 목적어에 해당하는 명사와 성 • 수가 일치되어야 한다.

- Tengo preparado un discurso para esta sesión. 나는 이번 회의를 위한 연설문을 준비해 두었다.
- Tengo reservada una habitación en el Parador de Toledo.
  나는 똘레도 빠라도르 호텔에 방을 하나 예약해 두었다.

동사 익히기

동사 및 시제	동사 변화	예문
직설법 현재		
disponer 준비하다	dispongo, dispones, dispone, disponemos, disponéis, disponen	El país no dispone de vigilancia sísmica en tiempo real. 나라는 실시간으로 지진 경계 시스템을 준비하고 있지 않다.
접속법 현재		
querer 원하다	quiera, quieras, quiera, queramos, queráis, quieran	Durante la comida puedes comer todo lo que quieras. 식사하는 동안에는 네가 원하는 것을 모두 먹을 수 있다.
명령형		
decir 말하다	-, di, diga, digamos, decid, digan	Digan lo que digan, esto es una locura. 그들이 무슨 말을 하든지 간에 이것은 미친 짓이다. * Digan lo que digan 양보의 부사절
aprovechar 기회를 이용하다	-, aprovecha, aproveche, aprovechemos, aprovechad, aprovechen	Aprovechemos esta reunión para trazar el camino hacia adelante. 우리 모두 이번 회동을 전진을 위해 방향을 구상하는 기회로 삼자.

대화 ❶ 호텔 체크인하기

한 마디씩 읽기 Pista 100 | 전체 읽기 Pista 101

Sumi　Hola, buenas tardes. Tengo una habitación reservada en este hotel para hoy.

Recepcionista　Muy bien, dígame el número de la reserva.

Sumi　Es el 50144

Recepcionista　De acuerdo, es la habitación 67. Está en el quinto piso. El ascensor está al fondo del pasillo.

Sumi　¿Hay toallas en el baño de la habitación?

Recepcionista　Sí, la habitación dispone de toallas, jabón y champú.

어휘 설명

- habitación 방
- recepcionista 호텔 프런트
- reserva 예약
- quinto 다섯 번째
- piso 층
- ascensor 승강기
- al fondo de ~끝에
- toalla 수건
- baño 욕실
- dispone de ~을 구비해 두고 있다
- jabón 비누
- champú 샴푸

대화 내용 핵심 포인트

- Es el 50144 : 50144이다.
  - 여기서 el은 번호(número)를 의미한다. 즉 지하철 4호선이라고 하면 cuatro가 아닌 la(línea) cuatro, 버스 번호 135번은 el 135로 써야 한다.
- De acuerdo : 오케이, 좋아요
  - Estar de acuerdo con(~와 일치를 보다)에서 파생되어 de acuerdo를 많이 사용한다.
- baño : 욕실, 목욕
  - ducha는 샤워를 의미

수미 안녕하세요. 이 호텔에 오늘 날짜로 방을 예약했는데요.

호텔 프런트 아, 네, 예약 번호 말씀해 주세요.

수미 50144입니다.

호텔 프런트 좋아요, 67호입니다. 5층입니다. 승강기는 복도 끝에 있습니다.

수미 방 욕실에 수건이 있지요?

호텔 프런트 그럼요, 방에는 수건, 비누 및 샴푸가 비치되어 있습니다.

대화 ❷ 멕시코 친구에게 도착 알리기

한 마디씩 읽기 Pista 102 전체 읽기 Pista 103

Sumi Hola Pablo, ya estoy en el hotel. ¿A qué hora podemos quedar?

Pablo ¿Qué te parece si quedamos a las 17:00? Te paso a recoger por el hotel.

Sumi Vale.

Pablo ¿Dónde está el hotel?

Sumi Está en la Plaza de la Constitución, cerca del Metro de Zócalo. Te espero en la puerta principal. Hasta luego.

Pablo Nos vemos luego.

어휘 설명

- quedar (약속을) 정하다
- qué te parece si ~하면 어때
- recoger por ~로 픽업하다
- plaza 광장
- constitución 헌법
- puerta principal 정문
- verse (서로) 만나다

수미 안녕, 빠블로, 난 호텔에 도착해 있어, 우리 몇 시에 만날 수 있어?
빠블로 5시에 보면 어떨까? 호텔로 데리러 갈게.
수미 좋아.
빠블로 호텔이 어디에 있지?
수미 소깔로 지하철역 근처의 헌법 광장에 있어. 정문에서 기다릴게. 나중에 보자.
빠블로 그래 이따 보자.

대화 내용 핵심 포인트

- la Plaza de la Constitución : 일명 소깔로(Zócalo) 광장으로 알려져 있는 멕시코 시티의 대표 광장이다. 헌법 광장이란 말은 1812년 스페인 까디스(Cádiz)에서 최초의 자유주의 헌법이 공포된 것을 기념하는 데에서 비롯되었다.

대화 ❸ 호텔 조찬 뷔페

한 마디씩 읽기 Pista 104 전체 읽기 Pista 105

Es pronto por la mañana y Sumi va a desayunar en el hotel.

Sumi Buenos días, ¿es aquí el salón para desayunar?

Camarera Sí, aquí es.

Sumi ¿Es bufé libre?

Camarera Sí, puede comer todo lo que quiera.

Sumi Genial, hoy va a ser un día muy duro. Tengo que alimentarme bien, jeje.

Camarera ¡Que aproveche!

어휘 설명

- pronto 이른
- desayunar 아침 식사하다
- salón 살롱, 홀
- libre 자유로운
- genial 훌륭한
- alimentarse 영양을 섭취하다
- aprovechar 유익하게 사용하다, 활용하다

아침 이른 시간이며 수미는 호텔에서 아침을 먹으려고 한다.

수미 안녕하세요, 여기가 아침 식사하는 곳인가요?

웨이트리스 네, 여기입니다.

수미 자유 뷔페이지요?

웨이트리스 네, 원하시는 것 모두 드실 수 있습니다.

수미 좋네요, 오늘은 아주 힘든 날이 될 거 거든요. 영양 섭취를 잘 해야만 해요.

웨이트리스 맛있게 드세요!

대화 내용 핵심 포인트

- todo lo que quiera : 원하는 것은 무엇이든지
  quiera는 화자가 종속절 내용의 실현 여부에 대해 확신하고 있지 않아 접속법 현재 표현으로 사용한다.
- ¡Que aproveche! : 맛있게 드세요!
  – '¡Buen provecho!'라고도 한다.

연습문제

01 Audición Pista 106

다음을 듣고 빈칸을 채워 보세요.

A El ________ está ________ fondo del ________.

B ¿Hay ________ en el baño?

C Buenos días, ¿es ________ el salón para ________?

02 Lectura Pista 107

의미를 생각하면서 읽어 보세요.

A La habitación dispone de jabón y champú.

B ¿Qué te parece si quedamos a las 7:00?

C Puedes comer todo lo que quieras.

03 Escritura

주어진 단어를 바르게 배열하여 문장을 완성해 보세요.

A reservada, Tengo, para, habitación, en, este, una, hotel, hoy

____.

B ¿Qué, te, quedamos, a, si, las, parece, 17:00?

¿____?

C a, Hoy, va, ser, un, muy, día, duro

____.

04 Conversación

다음을 보고 상황에 맞는 대화를 해 보세요.

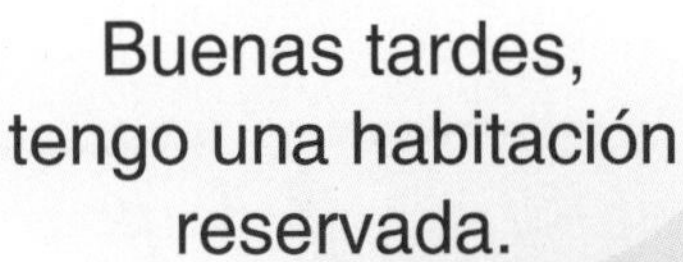
Buenas tardes,
tengo una habitación
reservada.

Sí, aquí es.
¿Es bufé libre?

어휘 익히기

#호텔 객실 어휘

- □ Hotel Voucher 호텔 바우처
- □ reserva 예약
- □ propina 팁
- □ cama doble / cama de matrimonio 더블 베드
- □ camas separadas / camas gemelas 트윈 베드
- □ cama individual 1인 침대
- □ cama extra 추가 침대
- □ sábana 시트
- □ almohada 베개
- □ mesa 테이블
- □ teléfono 전화
- □ aire acondicionado 에어컨
- □ caja fuerte / caja de seguridad 금고
- □ persiana 블라인드
- □ bañera 욕조
- □ albornoz 목욕 가운
- □ toalla 수건
- □ ducha 샤워기/샤워
- □ zapatilla 슬리퍼
- □ secador de pelo 헤어 드라이어

멕시코 음식

멕시코는 원주민, 유럽과 아메리카 대륙이 혼재된 음식 문화를 보여 준다. 가장 주식이 되는 것은 옥수수이며 이와 더불어 다양한 고추 또한 요리의 주재료이다.

타코
또르띠야를 U자형으로 만들어 튀겨서 고기와 채소를 넣어 싸 먹는 음식

부리또
또르띠야에 콩과 고기를 넣어 다양한 소스를 발라 싸서 먹는 음식

케사디아
또르띠야에 치즈와 다양한 채소나 고기 및 해산물을 넣고 구워서 만든 음식

엔칠라다
또르띠야에 고기, 채소, 콩, 해산물 등을 넣고 둥글게 말아서 소스를 발라 굽고 그 위에 치즈를 얹어 먹는 음식

풀케
용설란으로 만든 멕시코의 전통주

데낄라
용설란의 수액을 채취한 뒤 이를 증류한 술

UNIDAD 15

병원에서

En el hospital

핵심 포인트

□ 관계대명사
□ doler 동사

스페인 산 빠우의 병원

구문 및 문법 핵심포인트

관계대명사

que : 선행사가 사람이나 사물에 모두 사용된다.

제한적 용법 : 선행사를 구체화시키고 한정시키는 경우에 쓰인다.

- Tengo un amigo mexicano que vive en Guadalajara.
  나는 과달라하라에 살고 있는 멕시코 친구가 한 명 있다.
- No me gusta esa cantante de la que me hablaste ayer.
  나는 네가 어제 말했던 그 여자 가수를 좋아하지 않아.

설명적 용법 : 선행사가 고유명사, 인칭대명사인 경우에 쓰인다.

- Conozco al señor García, que es colombiano.
  나는 가르씨아 씨를 알고 있는데, 그는 콜롬비아 사람이다.
- Mi amigo, que prefiere los bares tranquilos, no vino ayer.
  내 친구는 조용한 바를 좋아하는데, 어제 오지 않았다.

quien : 선행사가 사람일 경우 사용하며 선행사에 따라 단 · 복수로 변하기도 하며 필요에 따라 전치사를 동반한다. 주격인 경우 설명적 용법으로 사용하는 것이 문법적이며 quien 앞에 항상 콤마를 쓴다.

- Mi amigo, quien vive en Madrid, quiere estudiar coreano en mi país.
  내 친구는 마드리드에 살고 있는데, 우리나라에서 한국어를 공부하고 싶어 한다.
- La actriz con quien hablaste es mexicana. 네가 이야기를 나누었던 여배우는 멕시코 사람이다.

* 선행사의 의미를 내포하는 경우, 즉 '~하는 사람(들)'로 쓴다.

- Quien sabe mucho, habla poco. 많이 아는 사람은 말을 적게 한다.

doler 동사

- doler 동사는 gustar 동사와 같은 구조를 취하는 역구조 동사로 고통을 받는 신체 부위가 주어가 되고, 고통을 받는 사람이 간접목적격이 된다.

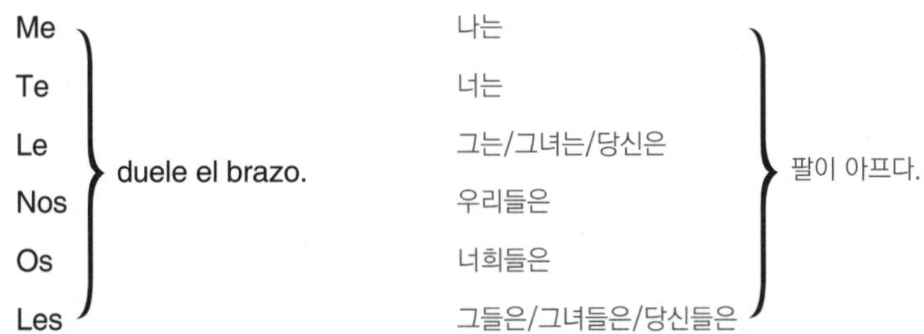

Me
Te
Le
Nos
Os
Les
duele el brazo.
나는
너는
그는/그녀는/당신은
우리들은
너희들은
그들은/그녀들은/당신들은
팔이 아프다.

* 위의 문장은 '팔이 ~을 아프게 하다'로 brazo(팔)가 주어이기 때문에 동사는 3인칭 단수 형태인 duele를 썼으며, 해석은 '~는 팔이 아프다'로 하면 된다.

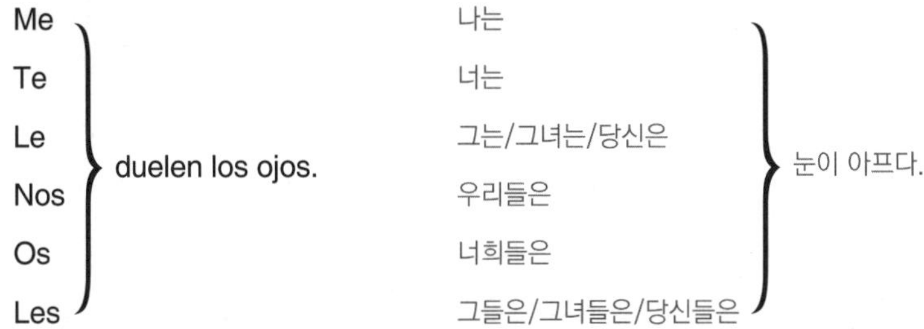

* 위의 문장에서 주어는 'los ojos'(눈)이기 때문에 동사는 3인칭 복수 형태인 'duelen'을 썼다.

- 아픔을 나타내는 표현으로 'tener dolor de + 신체 부위(관사 없음)'도 있다.
  - Tengo dolor de garganta. 나는 목이 아프다.
  - Tenemos dolor de cabeza.(= Nos duele la cabeza.) 우리들은 머리가 아프다.

동사 익히기

동사 및 시제	동사 변화	예문
직설법 현재		
doler 아프다	duelo, dueles, duele, dolemos, doléis, duelen	¿Por qué me duele aquí? 여기가 왜 아프걸까요?
직설법 단순과거		
caer 떨어지다	caí, caíste, cayó, caímos, caísteis, cayeron	Tu amigo me cayó muy bien. 난 네 친구가 너무 마음에 들었어. * caer bien a alguien : 마음에 들다
직설법 미래		
ver 보다	veré, verás, verá, veremos, veréis, verán	Ya verás cómo me olvidas. 네가 나를 어떻게 잊어버리는지 알게(보게) 될 거야.
명령형		
pasar 지나가다	-, pasa, pase, pasemos, pasad, pasen	Por favor pase por mi oficina o llame por cualquier cuestión. 어떤 문제든지 제 사무실을 들러 주시든지 전화 주십시오.
dejar 놓다	-, deja, deje, dejemos, dejad, dejen	No dejes de descargar gratis. 무료로 다운로드 하는 것을 중단하지 마라. * dejar de + 동사원형 : (~하는 것을) 그만두다
접속법 현재		
ver 보다	vea, veas, vea, veamos, veáis, vean	Espero que nos veamos pronto. 나는 우리가 곧 만나게 되기를 바라.

대화 ❶ 병원 예약하기

한 마디씩 읽기 Pista 108 전체 읽기 Pista 109

Enfermera Hospital Central de México. Buenos días, ¿qué desea?

Sumi Buenos días, tengo un dolor fuerte en el brazo. Quiero que me vea un médico.

Enfermera Muy bien, ¿qué le parece mañana a las 3?

Sumi Me parece bien. Estoy de vacaciones y no sé si tengo derecho a usar el seguro de viaje internacional.

Enfermera Si es usted extranjera, puede usarlo. No hay ningún problema.

Sumi Genial, muchas gracias. Hasta mañana.

어휘 설명

- enfermera 간호사
- hospital 병원
- central 중앙의
- dolor en ~의 통증
- fuerte 센
- médico 의사
- seguro 보험
- extranjera 외국인(여자)
- problema 문제

간호사 멕시코 중앙병원입니다. 안녕하세요, 무엇을 원하세요?

수미 안녕하세요, 팔에 통증이 심해요. 의사 선생님께 진찰을 받고 싶은데요.

간호사 좋습니다, 내일 오후 3시 어떠세요?

수미 좋아요. 제가 휴가 중인데 국제여행자보험을 사용할 수 있는지 모르겠네요.

간호사 외국 분이시면, 보험을 사용할 수 있습니다. 전혀 문제가 없습니다.

수미 좋아요, 대단히 고맙습니다. 내일 뵙겠습니다.

대화 내용 핵심 포인트

- Me parece : 내 생각에는
  - Me parece que andas demasiado rápido. 내 생각에 너는 너무 빨리 걷는 것 같다.
  - ¿Qué te parece la película? 네 생각에 영화가 어떤 것 같아?
  - Me parece un poco aburrida. 내 생각에 조금 지루한 것 같다.
- estar de vacaciones : 휴가 중이다
  - estar de viaje : 여행 중이다.
  - estar de luna de miel : 밀월 여행 중이다
- tener derecho a + 동사원형/명사 : ~ 할 권리가 있다
  - Los mayores de edad tienen derecho a votar en las elecciones.
    성인들은 선거에 투표할 권리를 갖고 있다.
  - En Antes las mujeres no tenían derecho al voto.
    여성들은 과거에 투표권을 갖지 못했다.

대화 ❷ 의사에게 진료 받기

한 마디씩 읽기 Pista 110 전체 읽기 Pista 111

Médico Pase y dígame qué le duele.

Sumi Ayer me caí por las escaleras y me duele mucho el brazo.

Médico Déjeme ver. No es nada grave. No hay ningún hueso roto.

Sumi ¡Menos mal!

Médico Le voy a recetar unas pastillas para el dolor y unos días de reposo.

Sumi Gracias, doctor.

어휘 설명

- por las escaleras 계단에서
- hueso 뼈
- roto 부러진
- menos 덜
- mal 나쁨
- recetar 처방하다
- pastilla 알약
- reposo 안정

의사 들어오세요, 어디가 아픈지 말씀해 보세요.

수미 어제 계단에서 넘어졌어요. 그래서 팔이 너무 아파요.

의사 제가 좀 볼까요. 심각하지 않군요. 뼈가 부러지지 않았어요.

수미 다행이네요!

의사 통증 치료 약을 처방해 드릴 테니 며칠 안정을 취하세요.

수미 고맙습니다, 선생님

대화 내용 핵심 포인트

◆ hueso roto : 부러진 뼈

- roto는 romper 동사의 과거분사가 형용사로 쓰인 것이다. 스페인어에서 과거분사는 형용사로 쓸 수 있으며 꾸며주는 명사나 주어의 성 · 수에 일치해야 한다. eatar 동사와 함께 쓰여서 어떤 행위를 결과에 따른 상태를 나타내기도 한다.

  La puerta está cerrada. 문이 닫혀 있다.

  Estamos callados. 우리들은 말이 없다.

  En la calle hay muchos letreros escritos en español.
  길에 스페인어로 쓰여 있는 간판이 많다.

대화 ❸ 처방전을 갖고 약국에 가기

한 마디씩 읽기 Pista 112 전체 읽기 Pista 113

Sumi Hola, he ido al médico y me ha dado esta receta.

Farmacéutico Veamos. Este medicamento es un analgésico. Sirve para calmar el dolor. ¿Te has dado un golpe?

Sumi Sí, me caí y me hice daño en el brazo.

Farmacéutico Un momento, por favor. Aquí está, tienes que tomarlo cada 8 horas durante 3 días.
Te calmará el dolor.

Sumi ¡Qué alivio! Porque me duele bastante.
Muchas gracias.

Farmacéutico Ya verás cómo se te pasa el dolor rápido.
Hasta luego.

어휘 설명

- médico 의사
- receta 처방전
- farmacéutico 약사
- medicamento 약
- analgésico 진통제
- calmar 가라앉히다
- darse un golpe 부딪치다
- daño 부상
- alivio 안도
- rápido 빠른

수미 의사 선생님한테 갔었는데 이 처방전을 주셨어요.
약사 어디 봅시다. 이 약은 진통제입니다. 통증을 완화시켜 주는 약입니다. 어디 부딪치셨어요?
수미 네, 넘어져서 팔을 다쳤어요.
약사 잠깐 기다려 주세요. 여기 있습니다. 3일 동안 8시간마다 약을 먹어야 해요. 통증을 완화시켜 줄 거예요.
수미 후유 다행이네요! 통증이 엄청 심하거든요. 고맙습니다.
약사 통증이 빠르게 가라앉는 걸 느끼실 거예요. 안녕히 가세요.

대화 내용 핵심 포인트

- ¿Te has dado un golpe? : 'dar + 명사' 관용 구문이다.
  - Nosotros dábamos un paseo en el parque. 우리들은 공원을 산책하곤 했었다.
  - Fidel Castro le dio un abrazo al Che Guevara.
    피델 까스뜨로는 체게바라를 포옹했다.
- hacerse daño en : ~에 상처를 입다
  - Me hice daño en el codo. 나는 팔꿈치에 상처를 입었다.
  - Ella se hizo daño en la espalda. 그녀는 등을 다쳤다.

연습문제

01 Audición Pista 114

다음을 듣고 빈칸을 채워 보세요.

A Estoy de ________ ________ ________ ________ si tengo derecho a usar el seguro de viaje.

B Este medicamento es un ________.

C Ayer ________ ________ por las escaleras.

02 Lectura Pista 115

의미를 생각하면서 읽어 보세요.

A Tengo un dolor fuerte en el brazo.

B ¿Qué le parece mañana a las 3?

C Le voy a recetar unas pastillas para el dolor.

03 Escritura

다음을 스페인어로 쓰세요.

A 팔이 많이 아파요.

→ ____.

B 제게 이 처방전을 주셨어요.

→ ____.

C 저희들은 휴가 중입니다.

→ ____.

04 Conversación

다음을 보고 상황에 맞는 대화를 해 보세요.

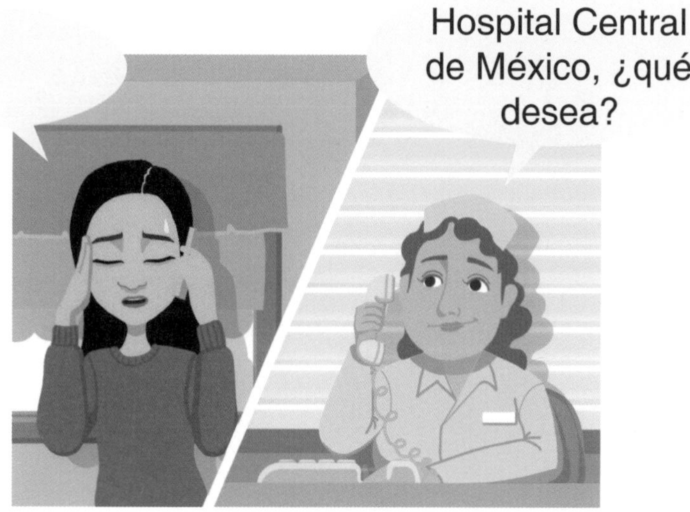

어휘 익히기

#질병

□ diarrea 설사

□ catarro 코감기

□ roto 부러진

□ hinchado 부은

□ cefalea 두통 (= dolor de cabeza)

□ alergia 알레르기

□ fractura 골절

□ fiebre 열

□ influenza 독감

□ dislocado 골절된

□ contagioso 전염성의

□ odontalgia 치통

□ inflamación 염증

#신체 부위

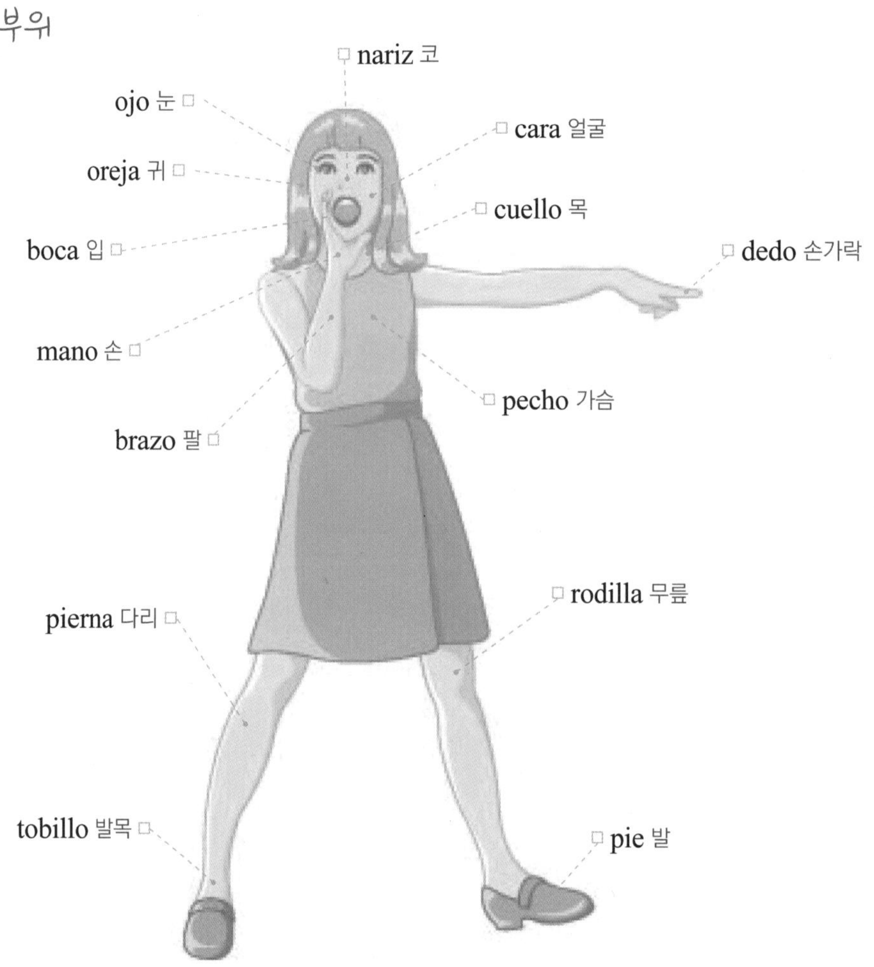

멕시코의 마야 문명

마야족은 기원전 이사파 문명을 받아들여 고대 마야 제국을 건설하고 멕시코 유카탄 반도 치첸이트사를 중심으로 문화를 꽃피웠다. 사회, 경제, 천문, 수학, 그리고 예술까지 라틴아메리카의 고대 문명에서 가장 뛰어난 발전을 한 것으로 알려져 있다.

유카탄 메리다

치첸이사

UNIDAD 16
아르헨티나에서
En Argentina

핵심 포인트

☐ 미래완료

아르헨티나 페리토모레노 빙하

구문 및 문법 핵심 포인트

미래완료

형태 : haber 동사의 단순미래 + 과거분사

Yo	habré	과거분사 hablado, comido, vivido
Tú	habrás	
Él/Ella/Ud.	habrá	
Nosotros/~as	habremos	
Vosotros/~as	habréis	
Ellos/Ellas/Uds.	habrán	

용법

시제에 상관없이 어떤 동작이나 상태가 완료되어 있을 것이라고 추측할 때 사용한다.

- **Carolina ya habrá salido cuando nosotros lleguemos.**
  우리들이 도착할 때 즈음이면 까롤리나는 이미 외출했을 것이다.
- **El profesor ya habrá llegado a Buenos Aires a estas horas.**
  교수님은 이 시간이면 부에노스아이레스에 도착하셨을 것이다.
- **Habré leído esta novela 5 o 6 veces.** 나는 이 소설을 다섯 번이나 여섯 번 읽었을 것이다.

동사 익히기

동사 및 시제	동사 변화	예문
직설법 현재		
sonar 울리다, 소리가 나다	sueno, suenas, suena, sonamos, sonáis, suenan	Suena el despertador, ya es la hora de levantarte. 자명종이 울린다, 이제 너는 일어나야 할 시간이야.
직설법 단순과거		
ver 보다	vi, viste, vio, vimos, visteis, vieron	La vi bailar flamenco. 나는 그녀가 플라멩꼬를 추는 것을 보았다.
poder 할 수 있다	pude, pudiste, pudo, pudimos, pudisteis, pudieron	Por fin pude conectar mi ordenador a internet. 마침내 나는 내 컴퓨터를 인터넷에 연결할 수 있었다.
perder 잃어버리다	perdí, perdiste, perdió, perdimos, perdisteis, perdieron	Perdí el anillo que me había regalado mi novia. 나는 내 여자친구가 선물해 준 반지를 잃어버렸다.
직설법 불완료과거		
jugar 놀다	jugaba, jugabas, jugaba, jugábamos, jugabais, jugaban	Cuando yo era niño, jugaba al 'Gran Bonete'. 나는 어린아이였을 때 '그란 보네떼'라는 놀이를 하곤 했다.
직설법 미래완료		
ganar (돈을) 벌다	habré ganado, habrás ganado, habrá ganado, habremos ganado, habréis ganado, habrán ganado	Después de tres años, habrá ganado más de 40 millones de dólares. 그는 3년 후면 4,000만 달러 이상을 벌 것이다.

대화 ❶ 아사도 먹으러 가기

한 마디씩 읽기 Pista 116 전체 읽기 Pista 117

Sumi Hola Daniela, tengo mucha hambre.

Daniela Podemos ir a un restaurante que conozco a comer asado.

Sumi ¿Asado? ¡Qué rico!

Daniela Si tomamos un taxi, llegamos en 10 minutos.

Sumi Vamos, por favor.

Daniela Muy bien, vamos en taxi.

어휘 설명

- hambre 배고픔
- rico 맛있음

수미 안녕 다니엘라, 배가 엄청 고파.

다니엘라 내가 알고 있는 레스토랑으로 아사도 먹으러 가도 되는데.

수미 아사도? 우와 맛있겠다!

다니엘라 택시를 타면 10분 안에 도착해.

수미 가자.

다니엘라 좋아, 택시 타고 가자.

대화 내용 핵심 포인트

- un restaurante que conozco : 관계대명사 que를 사용하여 한정적 용법으로 쓰였고 선행사는 restaurante이다.
- asado : 아르헨티나의 전통적인 음식으로 고기에 소금을 뿌려 구워 먹는 요리
- Si tomamos un taxi~ : 접속사 si는 현재나 미래에 실현 가능한 사실을 이야기하는 경우 직설법을 사용한다. 현재나 미래에 실현 가능성이 낮은 사실의 경우 접속사 si 대신에 cuando를 쓰면 접속법을 사용한다.
  - Si viene Juan, te llamaré. → Cuando venga Juan, te llamaré.

대화 ❷ 탱고의 멋과 맛에 취해 보기

한 마디씩 읽기 Pista 118 전체 읽기 Pista 119

Sumi Carlos, ¿cuándo vamos a ver un espectáculo de tango?

Carlos ¿Qué te parece si vamos esta tarde?

Sumi Bien, esta tarde estoy libre.

Carlos Vamos a ir a un lugar genial que conozco cerca de Palermo.

Sumi Suena divertido.

Carlos Te va a encantar.

어휘 설명
- espectáculo 쇼
- tango 탱고
- divertido 재미있는

대화 내용 핵심 포인트

◆ Suena divertido. : sonar는 사전적 의미로 '울리다, 소리가 나다'이지만 의역하여 다양하고 재미있는 표현으로 쓰인다.
- Tu cara me suena. 네 얼굴이 낯익네.
- Tu nombre me suena familiar. 네 이름이 친근감 있게 들린다.
- Hacer ejercicio en casa suena genial. 집에서 운동하는 거 굉장히 좋지.

＊Tú : 아르헨티나에서는 tú 대신에 vos를 사용하며 동사 변화는 2인칭을 사용하지만 강세 위치가 뒤에 있다.

예 Tú hablas. > Vos hablás.

수미 까를로스, 우리 언제 탱고 쇼 보러 갈 거야?
까를로스 오늘 오후에 가는 거 어때?
수미 좋아, 오늘 오후 난 자유야.
까를로스 빨레르모 근처에 내가 알고 있는 멋진 곳으로 가자.
수미 아주 재미있을 것 같은데.
까를로스 너는 틀림없이 좋아할 거야.

대화 ❸ 아르헨티나의 엘 클라시코 축구 경기

한 마디씩 읽기 Pista 120 | 전체 읽기 Pista 121

Julio ¿Viste ayer el partido de fútbol?

Sumi No pude verlo, fui a ver un espectáculo de tango a Palermo. Sin duda, habrá ganado el Boca Juniors, ¿no?

Julio ¡Qué pena! Fue un partido muy bueno, el Boca Juniors marcó 3 goles.

Sumi Vaya, ¿y contra quién jugaba?

Julio Contra River. Te perdiste un clásico.

Sumi ¡Qué lástima!

어휘 설명

- partido 경기
- sin duda 의심할 여지없이
- ¡Qué pena! 정말 안됐다
- marcar 득점하다
- gol 골
- vaya 어머나
- contra ~에 반해서
- jugar 경기를 하다
- perderse 놓치다
- clásico 끌라시꼬

훌리오 어제 축구 경기 봤니?
수미 못 봤어. 빨레르모로 탱고 쇼를 보러 갔거든. 틀림없이 보까 주니어스가 이겼을 거야, 그렇지?
훌리오 아깝네! 아주 좋은 경기였는데, 보까 주니어스가 3골 넣었는데.
수미 어머나, 그런데 어느 팀하고 했는데?
훌리오 리베르하고 했어, 너는 아무튼 끌라시꼬 경기를 놓친 거야.
수미 유감이네!

대화 내용 핵심 포인트

- habrá ganado : ganar 동사를 미래완료로 써서 이겼을것이라고 추측하는 표현
  - Ana habrá llegado a tiempo. 아나는 정시에 도착했을 거야.
  - Mañana ya habremos terminado este trabajo. 내일이면 우리들은 이 일을 끝낼 거야.
- el Boca Juniors : 스포츠 팀 명칭 앞에 el이 붙는 것은 el equipo(팀)을 의미한다.
  - el Barça 바르셀로나 축구팀 / el Real Madrid 레알 마드리드 축구팀
- contra quién : 누구하고 대항

연습문제

01 Audición Pista 122

다음을 듣고 빈칸을 채워 보세요.

A Podemos ir a un restaurante que ________.

B ¿Cuándo vamos a ver un ________ de tango?

C Te perdiste un ________.

02 Lectura Pista 123

의미를 생각하면서 읽어 보세요.

A ¿Contra quién jugaba?

B Fui a ver un partido de fútbol.

C ¿Qué te parece si vamos esta tarde?

03 Escritura

오늘은 어디에 가서 무엇을 할 건지 박스 안에 있는 어휘를 활용해 써 보세요.

□ voy □ para □ comer □ tomamos □ pueden □ un taxi
□ al restaurante □ asado □ ver □ un partido de fútbol

A ____.

B ____.

C ____.

04 Conversación

다음을 보고 상황에 맞는 대화를 해 보세요.

¿Qué te parece si vamos esta tarde a ver un espectáculo de tango?
Bien, ________

¡Hola, Sumi! ¿Viste ayer el partido de fútbol?
No pude verlo. Sin duda ________
____
3

어휘 익히기

#춤과 관련된 어휘

- □ Tango 탱고
- □ Rumba 룸바
- □ Salsa 살사
- □ pareja 커플
- □ música 음악
- □ paso 스텝
- □ girar 돌다
- □ retirar 발을 빼다
- □ juntar 붙이다
- □ abrir 벌리다
- □ Flamenco 플라멩고
- □ Merengue 메렝게
- □ baile 춤
- □ ritmo 리듬
- □ tiempo 템포
- □ salto 점프
- □ abrazar 포옹
- □ sacar 내밀다
- □ cruzar 교차시키다
- □ llevar 가져 가다

UNIDAD 17

칠레에서

En Chile

핵심 포인트

□ 접속법 현재

칠레 모아이 석상

구문 및 문법 핵심 포인트

접속법 현재

직설법이 화자의 확신, 단정 등 객관적 사실을 표현한다면, 접속법은 불확실한 사실을 표현할 때 쓰는 용법이다. 우선 동사의 형태를 보자.

	hablar	comer	vivir
Yo	hable	coma	viva
Tú	hables	comas	vivas
Él/Ella/Ud.	hable	coma	viva
Nosotros/~as	hablemos	comamos	vivamos
Vosotros/~as	habléis	comáis	viváis
Ellos/Ellas/Uds.	hablen	coman	vivan

동사의 활용 어미에서 ~ar 동사는 모두 ~er/~ir 동사, ~er/~ir 동사는 모두 ~ar 동사의 활용 어미 형태에 따른다.

tomar 마시다	tome, tomes, tome, tomemos, toméis, tomen
llegar 도착하다	llegue, llegues, llegue, lleguemos, lleguéis, lleguen
sacar 꺼내다	saque, saques, saque, saquemos, saquéis, saquen
empezar 시작하다	empiece, empieces, empiece, empecemos, empecéis, empiecen
vender 팔다	venda, vendas, venda, vendamos, vendáís, vendan
volver 돌아오다	vuelva, vuelvas, vuelva, volvamos, volváis, vuelvan
entender 이해하다	entienda, entiendas, entienda, entendamos, entendáis, entienda
querer 원하다	quiera, quieras, quiera, queramos, queráis, quieran
hacer 하다	haga, hagas, haga, hagamos, hagáis, hagan
recibir 받다	reciba, recibas, reciba, recibamos, recibáis, reciban
decir 말하다	diga, digas, diga, digamos, digáis, digan
pedir 요구하다	pida, pidas, pida, pidamos, pidáis, pidan

용법

접속법은 기본적으로 두 문장을 연결할 때 사용하며 반드시 두 개의 다른 주어가 있어야 한다.

그러나 ojalá(제발 ~하기를), tal vez(어쩌면)와 같이 불확실한 사실을 나타내는 감탄사나 부사와 함께 쓸 때는 단문에도 사용한다.

- ¡Ojalá que venga Juan a mi fiesta! 후안이 제발 내 파티에 왔으면!
- Tal vez Juan me llame mañana. 어쩌면 후안이 내일 나한테 전화할거야.

＊ 두 문장 모두 확실하지 않은 사실이므로 동사가 venga, llame 즉, 접속법 형태의 동사 변화를 썼다.

두 개의 다른 주어가 나오는 복문에 사용할 때는 위에서 언급했듯이 불확실한 사실을 나타낼 때 사용한다. 즉, 주절의 동사가 의심(duda), 희망(esperanza), 감정(emoción), 요구(petición)나 명령(mandato), 충고(consejo)의 내용을 가지면 종속절에는 반드시 접속법을 사용한다.

- No creo que llueva mañana. (의심 - duda) 나는 내일 비가 올 것이라고 믿지 않는다.
  → 'No creo(나는 믿지 않는다)'는 의심을 나타내므로 llover(비가 오다) 동사는 llueve가 아닌 접속법 형태의 llueva를 쓴다.
- Quiero que mi hijo sea médico. (희망 - deseo) 나는 내 아들이 의사가 되기를 원한다.
  → quiero(나는 원한다) 동사는 희망을 나타내므로 종속절의 ser 동사는 es가 아닌 접속법 형태의 sea를 쓴다.
- Me alegro de que puedas ir a España. (감정 - emoción) 나는 네가 스페인어에 갈 수 있어서 기쁘다.
  → me alegro(나는 기쁘다) 동사는 개인의 감정을 나타내므로 종속절의 poder 동사는 접속법의 형태인 puedas가 쓰였다.

접속법을 필요로 하는 동사는 querer, esperar, desear, dudar, permitir, exigir, pedir, prohibir, aconsejar, recomendar 등이 있다.

동사 익히기

동사 및 시제	동사 변화	예문
직설법 현재		
dedicar 종사하다	dedico, dedicas, dedica, dedicamos, dedicáis, dedican	Me dedico a fabricar muñecos para los niños. 나는 어린이용 인형을 제조하는 일에 종사하고 있다.
producir 생산하다	produzco, produces, produce, producimos, producís, producen	Chile produce frutas y vegetales de la máxima calidad. 칠레는 최고 품질의 과일과 야채를 생산한다.
exportar 수출하다	exporto, exportas, exporta, exportamos, exportáis, exportan	Exportamos autos tanto a los mercados latinoamericanos como a los europeos. 우리들은 자동차를 라틴아메리카 시장뿐만 아니라 유럽 시장에도 수출한다.
직설법 단순과거		
estar (어떤 상태에) 있다, 이다	estuve, estuviste, estuvo, estuvimos, estuvisteis, estuvieron	¿Estuviste ayer en la conferencia? 어제 컨퍼런스에 있었니?
tomar 취하다	tomé, tomaste, tomó, tomamos, tomasteis, tomaron	Tomé mucho pisco sour anoche con unos amigos. 나는 어젯밤 몇몇 친구들과 삐스꼬 사우어를 많이 마셨다.
probar 시험해 보다	probé, probaste, probó, probamos, probasteis, probaron	Probé una variedad de vinos españoles anteayer noche. 나는 그저께 밤에 다양한 스페인 포도주를 먹어 보았다.
접속법 현재		
probar 시험해 보다	pruebe, pruebes, pruebe, probemos, probéis, prueben	Esperamos que pruebes el caldillo de congrio en Chile. 우리들은 네가 칠레에서 붕장어 스튜를 먹어 보길 원해.

대화 ❶ 포도주의 나라 칠레

한 마디씩 읽기 Pista 124 | 전체 읽기 Pista 125

Sumi　Ayer estuve tomando vino con unos amigos. Estuvo muy bueno.

Alejandro　¿Qué vinos tomaste?

Sumi　Probé el vino tinto, el blanco y el rosado.

Alejandro　¿Y cuál te gustó más?

Sumi　Para mí, el mejor fue el vino tinto.

Alejandro　Espero que pruebes un pisco sour chileno la próxima vez.

어휘 설명

- vino tinto 레드 와인
- vino blanco 화이트 와인
- el rosado 로즈와인
- mejor 제일 좋은
- pisco sour 삐스꼬 사우어
- chileno 칠레의
- la próxima vez 다음 번에

수미 어제 친구들과 와인을 마셨어. 아주 맛있었어.
알레한드로 어떤 와인 마셨는데?
수미 레드 와인, 화이트 와인 그리고 로즈 와인을 마셨지.
알레한드로 어떤 게 더 좋았니?
수미 나는 레드 와인이 가장 좋았어.
알레한드로 다음 번엔 칠레 삐스꼬 사우어를 먹어 보기를 바라.

대화 내용 핵심 포인트

- Estuvo muy bueno : estuvo의 주어는 어제 친구들과 마셨던 포도주의 맛의 상태이다.
  - Una copa de vino tinto diariamente es muy bueno para bajar el colesterol. 매일 한 잔의 레드 와인은 콜레스트롤을 낮추는 데에 아주 좋다.
- el rosado : el vino rosado인데 반복되는 명사 viino를 생략하였다. 로즈 와인을 의미한다.
- pisco sour chileno : 칠레의 국민주. 삐스꼬는 칠레와 페루가 서로 자신의 것이 원조라는 긍지를 가지고 있다.

대화 ❷ 광산물의 나라 칠레

한 마디씩 읽기 Pista 126 전체 읽기 Pista 127

Sumi ¿A qué te dedicas?

Alejandro Tengo una empresa de exportación de minerales.

Sumi ¿En Chile hay muchos minerales?

Alejandro Sí, Chile produce gran cantidad de minerales como hierro, oro, plata y cobre.

Sumi ¿Los exportan todos?

Alejandro Sí, exportamos muchos metales tanto a los mercados latinoamericanos como a los asiáticos.

어휘 설명

- dedicarse a ~에 종사하다
- empresa 기업
- exportación 수출
- mineral 광물
- gran cantidad de 상당량의
- hierro 철
- oro 금
- plata 은
- cobre 구리
- mercados latino-americanos 중남미 시장
- asiático 아시아의

수미 무슨 일 하니?
알레한드로 난 광물 수출 업체를 운영해.
수미 칠레엔 광물이 풍부하지?
알레한드로 맞아, 칠레는 철 광석, 금, 은, 구리와 같은 광물을 엄청나게 생산하고 있어.
수미 그 광물을 모두 수출하니?
알레한드로 응, 많은 금속 광물을 중남미 시장뿐만 아니라 아시아 시장으로 수출하고 있어.

대화 내용 핵심 포인트

◆ ¿A qué te dedicas? : '너는 어떠한 일에 종사하고 있니?'

❖ 하는 일을 묻는 표현

- ¿Cuál es su trabajo?
- ¿En qué trabaja Ud.?
- ¿Qué es Ud.?

＊¿Qué es Ud.?은 문법적인 표현으로 실용 회화에서는 쓰지 않는다.

대화 ❸ 칠레 산띠아고에서 아히아꼬 먹기

한 마디씩 읽기 Pista 128 전체 읽기 Pista 129

Sumi Mañana podríamos ir a comer ajiaco, ¿qué te parece?

Paula Mañana es un buen día. No tengo que trabajar.

Sumi ¿Dónde sirven un buen ajiaco en Santiago?

Paula En el centro hay un restaurante con muy buena reputación. ¿Quieres ir?

Sumi ¿Por qué no? ¿A qué hora?

Paula Mañana a las 12:00.

어휘 설명

- reputación 평판
- ¿Por qué no? 왜 아니야?

수미 내일 우리 아히아꼬 먹으러 갈 수 있는데, 네 생각은 어때?

빠울라 내일 좋아. 일을 안 해도 되거든.

수미 산띠아고에서는 맛있는 아히아꼬를 어디에서 하지?

빠울라 시내 중심에 평판이 아주 좋은 레스토랑이 하나 있어. 갈래?

수미 물론이지? 몇 시에?

빠울라 내일 12시.

대화 내용 핵심 포인트

- ajiaco는 꼴롬비아의 대표적인 전통 음식이지만 칠레에서도 상당히 사랑받는 음식이다.
- no tener que + 동사원형 : 할 필요가 없다.
  - No tengo que bajarme del caballo cada media hora para descansar. 나는 휴식을 위해 30분마다 말에서 내려 올 필요가 없다.
  - No tengo que trabajar. 나는 일을 하지 않아도 된다.

연습문제

01 Audición Pista 130

다음을 듣고 빈칸을 채워 보세요.

A Ayer __________ vino con unos amigos.

B Mañana ______ ir a comer ______.

C En el centro hay un restaurante con muy buena ______.

02 Lectura Pista 131

의미를 생각하면서 읽어 보세요.

A Ayer tomé vino con unos amigos.

B Estuvo muy bueno.

C El mejor fue el vino tinto.

03 Escritura

다음 문장을 단순과거의 형태로 바꿔 쓰세요.

A ¿Qué vinos tomas?

→ ______________________________ ?

B ¿Adónde vas?

→ ______________________________ ?

C ¿Cuál te gusta más?

→ ______________________________ ?

04 Conversación

다음을 보고 상황에 맞는 대화를 해 보세요.

¿Qué tal el vino?
Hmmmm
____

Por supuesto.
Chile es un país
largo y angosto.
¿Puedes
____________?

어휘 익히기

#무역 관련 어휘

□ comercio 무역

□ mercado 시장

□ exportación 수출

□ importación 수입

□ TLC(Tratado de Libre Comercio: FTA) 자유무역협정

□ bienes 재화

□ servicios 서비스

□ capital 자본

□ inversión 투자

□ comercialización 마케팅

□ competencia 경쟁

□ productividad 생산성

□ descuento 할인

□ tipo de cambio 환율

문화탐색 Descubriendo culturas

칠레의 포도주

칠레는 포도 재배에 최적지로 평가 받고 있다. 칠레 사람들의 포도주 사랑은 넘쳐난다. 경쟁국인 아르헨티나와 포도주뿐만 아니라 역사적으로도 좋은 관계가 아니기 때문에 칠레에서 아르헨티나 포도주를 시켜서는 안 된다.

칠레의 주요 수출 상품은 구리가 중심이며 포도 등 과일도 중요한 비중을 차지한다.

UNIDAD 18

페루와 콜롬비아

En Perú y en Colombia

핵심 포인트

- □ 감탄문
- □ si 가정문
- □ 직접 · 간접화법

페루 모레이

구문 및 문법 핵심 포인트

감탄문

감탄문은 qué, cuánto 등과 같은 의문사를 사용해 '¡qué + 명사/형용사 + 동사!' 형태를 취하지만 간단하게 'qué + 명사/형용사'만으로도 쓸 수 있다.

- ¡Qué frío hace hoy! 오늘 엄청 춥네!
- ¡Qué horror! 아이구 무서워라!
- ¡Qué lindo lugar! 얼마나 아름다운 장소인가!
- ¡Cuánto tiempo sin verte! 너 못 본 지 오래 됐다!(오랜만이야!)
- ¡Cuánto me alegro! 너무 기쁘다

기타 감탄문 표현

¡Feliz cumpleaños! 생일 축하해요!

¡Feliz Navidad! 즐거운 성탄절 되세요!

¡Viva la paz! 평화를 위해

¡Es increíble! 믿을 수 없어요!

si 가정문

❶ 실현 가능한 사실 : 직설법 사용

- Si tengo tiempo, te ayudo(o te ayudaré). 내가 시간 있으면 너를 도와줄게.
- Si vienes antes de las once, te veo. 만일 네가 11시 전에 온다면 나는 너를 볼 수 있다.

❷ 현재 사실에 반대되는 가정 : si + 접속법 불완료과거 ~, 가정미래 ~.

- Si tuviera tiempo, te ayudaría. 만일 내가 시간 있으면 너를 도와줄 텐데.
- Si yo fuera un pájaro, volaría a lo largo del río Magdalena.
  만일 내가 새라면 막달레나 강을 따라 날아갈 텐데.

❸ 과거 사실에 반대되는 가정 : si + 접속법 과거완료(haber의 접속법 불완료과거 + 과거분사) ~, 가정 미래완료(haber의 가정미래 + 과거분사).

- Si hubiera tenido tiempo, te habría ayudado. 만일 내가 시간이 있었더라면 너를 도와주었을 텐데.
- Si yo hubiera sido un pájaro, habría volado a lo largo del río Ucayali.
  만일 내가 새였다면 우까얄리 강을 따라 날아갔을 텐데.

간접화법

직접화법을 간접화법으로 바꿀 때는 접속사 que로 주절과 종속절을 이어주며 시제 및 인칭, 지시어 등을 바꿔야 한다.

❶ 주절의 시제가 현재와 미래인 경우, 종속절은 시제 변화 없이 인칭과 지시어만 변한다.

- Ella dice : "Soy coreana". "나는 한국 사람이야."라고 그녀는 말한다.
  → Ella dice que es coreana. 그녀는 한국 사람이라고 말한다.
- Juan me dice : "Volveré a casa el mes que viene."
  "다음 달에 집에 돌아갈게."라고 후안이 나에게 말한다.
  → Juan me dice que volverá a casa el mes que viene. 후안은 다음 달에 돌아간다고 말한다.
- Mi amigo me pregunta : "¿Vives cerca?" 내 친구가 나에게 "너는 가까이에 사니?"라고 물어 본다.
  → Mi amigo me pregunta si vivo cerca. 내 친구는 나에게 가까이에서 살고 있는지 물었다.

  * 의문사가 없는 의문문을 간접화법으로 바꿔 줄 때는 si를 써서 종속절과 이어준다.

❷ 주절의 시제가 과거인 경우에 종속절의 시제는 다양하게 변할 수 있다.

- Ella me dijo : "Soy coreana."
  → Ella me dijo que era coreana.
- Juan me dijo : "Volveré a casa el mes que viene."
  → Juan me dijo que volvería a casa el mes que viene.
- Mi amigo me preguntó : "¿Vives cerca?"
  → Mi amigo me preguntó si vivía cerca.
- Mi madre me dijo : " Estudia mucho." 엄마가 "나에게 열심히 공부해."라고 말씀하셨다.
  → Mi madre me dijo que estudara mucho. 엄마가 나에게 열심히 공부하라고 말씀하셨다.

  * 주절의 시제가 과거인 경우 직접화법을 간접화법으로 바꿀 때 종속절의 시제는 현재 → 불완료 과거, 미래 → 가정 미래, 명령형 → 접속법으로 바꾼다.

동사 익히기

동사 및 시제	동사 변화	예문
직설법 현재		
agregar 첨가하다	agrego, agregas, agrega, agregamos, agregáis, agregan	Agrega sal al agua hirviendo. 끓는 물에 소금을 첨가한다.
직설법 단순과거		
construir 건설하다	construí, construiste, construyó, construimos, construisteis, construyeron	¿Cómo se construyó el embalse la Emeralda? 에메랄드 댐은 어떻게 건설했을까?
escuchar 듣다	escuché, escuchaste, escuchó, escuchamos, escuchasteis, escucharon	Escuché la alarma anoche cuando estudiaba para el examen DELE. 나는 어젯밤 DELE 공부하고 있었을 때 경보를 들었다.
직설법 불완료과거		
saber 알다	sabía, sabías, sabía, sabíamos, sabíais, sabían	Ella no sabía que Jorge se casó ya. 그녀는 호르헤가 이미 결혼했다는 것을 모르고 있었다.
직설법 미래		
convenir -하는 것이 좋다	convendré, convendrás, convendrá, convendremos, convendréis, convendrán	Me convendrá tomar el metro. 나는 지하철 타는 게 더 나을 것이다.
접속법 현재		
llegar 도착하다	llegue, llegues, llegue, lleguemos, lleguéis, lleguen	Verás 30 cosas maravillosas cuando llegues a Costa Rica. 코스타리카에 도착하면 30가지의 멋진 것들을 보게 될 것이다.

대화 ❶ 잉카의 혼이 어려 있는 페루에 도착

한 마디씩 읽기 Pista 132 전체 읽기 Pista 133

Sumi El imperio Inca fue un imperio muy importante de Sudamérica, ¿no es así?

Regina Sí, fue un imperio muy importante y antiguo. Ellos construyeron Machu Picchu y también otras fortalezas importantes. Es una cultura muy interesante, ¿no?

Sumi Sí. A mí me interesa mucho la cultura incaica.

Regina Estamos muy orgullosos de nuestros orígenes.

Sumi Ayer escuché a unos peruanos hablar sobre el ceviche y el pisco, pero no sé qué son.

Regina ¿Todavía no los has probado? ¡Caramba! Son los típicos de Perú. No te los puedes perder.

어휘 설명

- Sudamérica 남미
- antiguo 오래된
- fortaleza 요새
- cultura 문화
- origen 기원
- peruanos 페루인들
- sobre ~에 대해
- pisco 삐스꼬
- caramba (감탄사) 이럴 수가
- plato 요리
- antiguo 오래된
- típico 전통적인

수미 잉카 제국은 남미에서 아주 중요한 제국이었어, 그렇지 않아?

레히나 그럼, 아주 중요한 고대의 제국이었지. 잉카인들은 마추피추와 여러 중요한 요새도 건설했어. 정말 흥미로운 문화지, 그렇지?

수미 응. 난 문화에 대해 관심이 많아.

레히나 우리들은 우리의 고대 문화에 대해 자긍심이 많아.

수미 어제 어떤 페루 사람들이 세비체와 삐스코에 대해 이야기하는 것을 들었는데 그것이 무엇인지 모르겠어.

레히나 아직 그것을 안 먹어 봤어? 이럴 수가! 페루의 전통적인 것들이야. 그것들을 놓치면 안 되지.

대화 내용 핵심 포인트

- imperio Inca : 잉카 제국
  - 라틴아메리카 3대 문명(아스테카, 마야 및 잉카) 중 하나로 많은 유적 중 공중 요새라 불리는 마추피추는 세계 불가사의 중 하나이다.
- estamos muy orgullosos de ~ : ~에 대해 자긍심을 가지고 있다.
  - Nosotros los coreanos estamos muy orgullosos del almirante Yi Sun Sin. 우리 한국 사람들은 이순신 장군에 대해 자긍심을 갖고 있다.
- escuché a ~ : 누구의 말을 귀 기울여서 듣다
  - escuchar와 oír 동사 : escuchar는 주의를 기울여서 듣는 것, oír는 일반적으로 귀에 들려 오는 것을 듣는 것을 의미한다.
  - Ayer escuché a los ponentes en una conferencia. 어제 나는 한 컨퍼런스에서 발표자의 말을 귀 기울여 들었다.
  - Tengo dificultad de oír. 나는 듣는 데 문제가 있다.
- ceviche : 해물을 주재료로 하는 페루의 전통음식으로 cebiche로 쓰기도 한다.

대화 ❷ 커피향이 가득한 나라, 콜롬비아

한 마디씩 읽기 Pista 134 전체 읽기 Pista 135

Andrés Bienvenida a Colombia, Sumi. Vas a conocer un país muy famoso por su café a nivel internacional.

Sumi ¿Son tan buenos los cafés de Colombia? En Corea nos encanta el café.

Andrés Son los mejores, además hay muchos tipos y de buena calidad.

Sumi A mí me gusta mucho el café tostado. Hmmm, es delicioso.

Andrés ¿Has probado alguna comida colombiana?

Sumi No, pero me gustaría probar la bandeja paisa. Dicen que es muy rica. ¿Me invitas?

어휘 설명

- a nivel internacional 국제 수준에서
- los mejores 가장 우수한 커피
- tipo 형태
- calidad 품질
- café tostado 볶은 커피

대화 내용 핵심 포인트

- famosa por : ~로 유명한
  - Colombia es fomosa por su variedad de flores y mujeres lindas.
    콜롬비아는 다양한 화훼와 아름다운 여인으로 유명한 나라이다.
- bandeja paisa : 콜롬비아 전통 요리 중 하나
- Dicen que ~ : ~라고 하더라
  비인칭 구문이므로 '그들은'이라고 해석하지 않는다.
  - Se dice que ~로 바꾸어 표현할 수도 있다.

안드레스 수미야, 콜롬비아에 온 걸 환영해. 너는 세계적으로 아주 유명한 커피의 나라를 알게 될 거야.
수미 콜롬비아 커피가 그렇게 좋은가요? 한국 사람들은 커피를 참 좋아해요.
안드레스 최고의 커피지, 종류도 다양하고 품질도 좋은 커피야.
수미 저는 볶은 커피를 너무 좋아해요. 음, 맛있어라.
안드레스 콜롬비아 음식 먹어본 거 있니?
수미 아니요, 하지만 반데하 빠이사는 먹어 보고 싶어요. 맛있다고들 하던데 저 좀 초대해 주실래요?

대화 ❸ 한국 행 탑승을 앞두고

한 마디씩 읽기 Pista 136 전체 읽기 Pista 137

Juan Ya están anunciando tu vuelo.

Sumi Te echaré de menos. Muchas gracias por todo.

Juan Espero que tengas buen viaje. Yo también te voy a extrañar.

Sumi Cuando llegue a Seúl, te escribo.

Juan Tienes tu casa aquí, hasta pronto.

Sumi Muchas gracias. Ha sido un viaje maravilloso. Adiós, Juan.

어휘 설명

- anunciar 알리다
- maravilloso 훌륭한, 멋진

대화 내용 핵심 포인트

- están anunciando~ : 안내 방송이 나오고 있다.
  - 앞에서도 언급한 것처럼 비인칭구문이므로 estar 동사의 3인칭 복수로 쓴다.
- Buen viaje : 서로 헤어질 때 '즐거운 여행해.'라고 인사하는 표현이다.
  - 여행하는 사람에게 헤어질 때 하는 인사
    - Espero que tengas buen viaje.
    - Que tengas buen viaje.
    - Bon voyage
- Cuando llegue a Seúl : 서울 도착이 아직 실현된 사실이 아니므로 접속법을 쓴다.
- Tienes tu casa aquí : 여기 네 집이 있어.
  헤어질 때 하는 인사로 언제든지 찾아오라고 하는 표현이다.
- Ha sido un viaje maravilloso : 너무 멋진 여행이었어.
  마무리 인사로 지금 이 순간까지 완료된 것을 표현하므로 현재완료를 사용하고 있다.

후안 네 비행편 안내 방송이 나오고 있네.
수미 네가 보고 싶을 거야. 모두 고마워.
후안 좋은 여행하기 바랄게. 나도 네가 보고 싶을 거야.
수미 서울에 도착하면 편지할게.
후안 여기 네 집이 있어(아무때나 와), 또 보자.
수미 정말 고마워. 너무 멋진 여행이었어. 후안, 잘 있어.

연습문제

01 Audición Pista 138

다음을 듣고 빈칸을 채워 보세요.

A Ellos ______ Machu Picchu y también ______ ______.

B Estamos ______ ______ de nuestros orígenes.

C ______ ______ probar ______ ______ y ______ ______.

02 Lectura Pista 139

의미를 생각하면서 읽어 보세요.

A El imperio Inca fue un imperio importante de Sudamérica.

B Vas a conocer un país muy famoso por su café.

C También te voy a extrañar.

03 Escritura

03-1 다음에 이어질 말을 써 보세요.

Te echaré mucho ______.

03-2 다음을 스페인어로 써 보세요.

A 나 커피 너무 좋아해.

→ ______.

B 나는 네가 너무 자랑스러워.

→ ______.

04 Conversación

다음을 보고 상황에 맞는 대화를 해 보세요.

어휘 익히기

#다양한 커피 종류

- □ café 커피
- □ agua 물
- □ espuma 우유 거품
- □ crema 휘핑크림
- □ leche 우유
- □ chocolate 초코렛
- □ canela 계피
- □ rallado 강판에 간
- □ whisky 위스키
- □ cardamomo 양하(생강과의 식물)
- □ azúcar negra 설탕
- □ vainilla 바닐라
- □ nuez moscada 육두구의 열매 (서양 향신료의 일종)

페루는 찬란했던 옛 잉카 제국의 DNA를 지니고 있는 만큼 민족성이 강하다. 다른 라틴아메리카 국가에 비해 원주민과 메스티조(스페인 백인과 원주민 혼혈) 비율이 약 80%에 달하고 있어 원주민 언어인 케추아어와 아이마라어 등도 큰 비중을 차지하고 있다. 페루의 대표적 문화 유산으로는 공중의 요새인 마추피추, 나스카의 선과 지상그림 등이 유명하다.

나스카

페루의 대표적인 음식으로는 세비체를 들 수 있다. 세비체는 페루 외에도 칠레, 에콰도르, 멕시코, 과테말라 등에서도 보편적인 음식이나 페루 사람들에서는 자긍심을 느껴 볼 수 있다. 세비체는 원래 생선을 치차(chicha)라는 옥수수 술에 담가서 요리하였으나 최근에는 레몬, 양파 등으로 무쳐내고 있다. 세비체를 페루인들의 국민주인 삐스꼬(Pisco)와 더불어 먹으면 금상첨화다.

세비체

삐스코

부록

- 연습문제 정답
- 동사의 시제 변화
- 동사 활용 예문

연습문제 정답

UNIDAD 01

Audición

01-1

A Corea B paella C hallaca D elegante

01-2

alumno – 남성 bueno – 남성
amiga – 여성 estudiante – 양성
rápido – 남성 bonita – 여성

Lectura

A es-tu-dian-te B u-ni-ver-si-dad
C a-mi-go D a-gua

Escritura

03-2

A el lápiz nuevo - los lápices nuevos
B el profesor bueno - los profesores buenos
C la maleta grande - las maletas grandes
D la ventana abierta - las ventanas abiertas
E un estudiante inglés - unos estudiantes ingleses

UNIDAD 02

Audición

A ¡Hola! Buenas tardes, ¿es Usted Carlos? Mucho gusto.
B Esta señorita es Sumi. Ese chico es Daniel. Aquella chica es mi hija.
C Todas las chicas coreanas son guapas.

Escritura

A ¿De dónde eres?
B Me llamo Daniel, soy hijo de Carlos.
C Vosotros sois muy simpáticos.

UNIDAD 03

Audición

A ¿Está preparado el desayuno?
B ¿Puedo visitar tu oficina esta tarde? ¿Estás libre?
C Hay edificios antiguos y tiendas tradicionales cerca del metro de Sol.

Escritura

A Mi oficina está en la calle Mayor cerca del metro de Sol.
B Hay muchas tiendas antiguas cerca del metro de Sol.
C En mi país Zara es una compañía bastante conocida.

UNIDAD 04

Audición

A ¿Puedes decirme cómo se va a la Gran Vía?
B Giras en la primera calle a la izquierda, sigues todo recto y luego giras en la segunda calle a la derecha.
C Te lo voy a indicar en el mapa.

Escritura

03-1

A Mira, sigues todo recto por esta calle hasta la plaza de la Moncloa.
B Primero coges la línea 3 y luego en Callao haces trasbordo a la 5.
C Te voy a indicarlo en el mapa.

03-2

A 15개의 나라 : quince países
B 21명의 여학생 : veintiuna chicas/estudiantes
C 2.375.611.891 : dos mil trescientos sententa y cinco millones seiscientos once mil ochocientos noventa y uno

UNIDAD 05

Audición

A Hay que pagar en el banco.
B ¿A qué hora empieza la clase?
C Voy a ser vuestra profesora de español.

Escritura

A Tiene que rellenarlo con sus datos.
B Soy profesora de español estos tres meses.
C Puede consultar cualquier duda en nuestra página web.

UNIDAD 06

Audición

A No sé a dónde puedo ir.
B Aquí las tenemos negras y grises.
C ¿Puedo pagar con tarjeta de crédito?

Escritura

A Este helado sabe a fresa.
B Allí está el probador.
C ¿Cuánto cuestan estas faldas?

UNIDAD **07**

Audición

A Me gustaría probar el cocido madrileño.

B ¿Nos puedes traer el menú, por favor?

C Enseguida se los sirvo.

Escritura

A A Ud. le gusta jugar al tenis.

B A todos les gusta opinar.

C A mis amigos les gustan los museos.

D A mí me gustan los libros.

E A ti y a mí nos gusta cantar y bailar.

UNIDAD **08**

Audición

A En agosto hace mucho calor en España.

B Estamos a 18 y hoy es lunes.

C Los españoles son muy simpáticos y atentos y me tratan bien.

Escritura

A Es lluvioso cuando llega el tifón.

B El día 22 de este mes hay una excursión a la montaña.

C Es buena hora para levantarse.

UNIDAD **09**

Audición

A Te recomiendo utilizar el bus turístico de Madrid y echar un vistazo

B La tarjeta incluye la entrada a más de cincuenta museos con acceso preferente.

C Este recorrido se centra en la parte histórica de Madrid.

Escritura

A Si lo coges, puedes disfrutar de las calles antiguas.

B Bienvenidos a nuestro autobús de turistas de Madrid.

C ¿Para qué sirve la tarjeta?

UNIDAD **10**

Audición

A Voy a hacer una excursión a Toledo.

B Toledo es de una riqueza cultural enorme.

C Enseguida voy a en la web e imprimir el justificante.

Escritura (예시)

A Voy a visitar a mi padre.

B Puedes llegar en taxi.

C Sí, he estado en España.
No, no he estado en España.

UNIDAD **11**

Audición

A Mmhh, conocerás toda España.

B Si necesitas ayuda, puedes llamarnos en cualquier momento.

C ¿Cuántos años cumples?

Escritura

A Si tengo tiempo, quiero ir a la playa.

B Me alegro de verte. Yo también.

C Si necesitas algo, puedes llamarme.

UNIDAD **12**

Audición

A Necesito facturar dos maletas.

B Ponga su equipaje aquí y saque todos los objetos de metal de su bolsillo.

C ¿Cuál sería más conveniente para Ud?

Escritura (예시 답안)

A ¿Puedo ver su pasaporte?

B Me gustaría viajar a París.

C ¿A qué país quieres visitar?

UNIDAD **13**

Audición

A Dentro de 30 minutos, señorita.

B En un hotel cerca del Zócalo.

C ¿Es la primera vez que visita México?

Escritura (예시 답안)

A Os voy a visitar la semana que viene.

B Quiero comer comida coreana.

C Voy a quedarme una semana en México.

UNIDAD 14

Audición

A El ascensor está al fondo del pasillo.
B ¿Hay toallas en el baño?
C Buenos días, ¿es aquí el salón para desayunar?

Escritura

A Tengo una habitación reservada en este hotel para hoy.
B ¿Qué te parece si quedamos a las 17:00?
C Hoy va a ser un día muy duro.

UNIDAD 15

Audición

A Estoy de vacaciones y no sé si tengo derecho a usar el seguro de viaje.
B Este medicamento es un analgésico.
C Ayer me caí por las escaleras.

Escritura

A Me duele mucho el brazo. / Tengo un dolor fuerte en el brazo.
B Me ha dado esta receta. / Me dio esta receta.
C Estamos de vacaciones.

UNIDAD 16

Audición

A. Podemos ir a un restaurante que conozco.
B. ¿Cuándo vamos a ver un espectáculo de tango?
C. Te perdiste un clásico.

Escritura (예시 답안)

A Tomamos un taxi.
B Pueden ver un partido de fútbol.
C Voy al restaurante para comer asado.

UNIDAD 17

Audición

A Ayer estuve tomando vino con unos amigos.
B Mañana podríamos ir a comer ajiaco.
C En el centro hay un restaurante con muy buena reputación.

Escritura

A ¿Qué vinos tomaste?
B ¿Adónde fuiste?
C ¿Cuál te gustó más?

UNIDAD 18

Audición

A Ellos construyeron Machu Picchu y también otras fortalezas.
B Estamos muy orgullosos de nuestros orígenes.
C Me gustaría probar el ceviche y el pisco.

Escritura

03-1

Te echaré mucho de menos.

03-2

A Me gusta mucho el café./Me encanta el café.
B Estoy orgulloso/a de ti.

총정리를 위한 Tips 시제 별 구문 완전 정리

#직설법

a. **현재 :** Estudio español.

b. **진행형 :** Estoy estudiando español.

c. **현재완료 :** He estudiado español esta mañana.

d. **비교급 :** Estudio español más/menos que Bora.

e. **단순과거 :** Estudié en España durante 5 años.

f. **불완료과거 :** Mientras yo estudiaba español, mi amiga veía la televisión.

g. **과거완료 :** Yo ya había empezado a estudiar cuando llegaste a la clase.

h. **관계대명사 :** Estudio español con José, que es español.

i. **단순미래 :** Estudiaré español en México.

j. **미래완료 :** El año que viene ya habré terminado de estudiar español.

k. **가정미래 :** Me gustaría estudiar español, pero no puedo.

l. **가정미래완료 :** Habría estudiado español un poco más.

m. **명령형 :** Estudia mucho.

#접속법

a. **현재 :** Espero que estudies español.

b. **비인칭구문 :** Es importante que estudies español unas horas al día.

c. **현재완료 :** Espero que hayas estudiado español.

d. **불완료과거 :** Esperaba que estudiaras español.

e. **과거완료 :** No creía que ya hubieras terminado de estudiar.

f. **현재 사실의 반대를 나타내는 가정문 :** Si yo fuera tú, estudiaría español.

g. **과거 사실의 반대를 나타내는 가정문 :** Si yo hubiera sido tú, habría estudiado español.

동사의 시제 변화

hablar(말하다) 동사의 시제 변화표

단순시제 동사 원형 hablar / 과거분사 hablado / 현재분사 hablando							
	직설법					접속법	
주어	현재	단순과거	불완료과거/지속과거	단순미래	가정미래	현재	불완료과거(~ra형)
yo	hablo	hablé	hablaba	hablaré	hablaría	hable	hablara
tú	hablas	hablaste	hablabas	hablarás	hablarías	hables	hablaras
él, ella, Ud.	habla	habló	hablaba	hablará	hablaría	hable	hablara
nosotros/~as	hablamos	hablamos	hablábamos	hablaremos	hablaríamos	hablemos	habláramos
vosotros/~as	habláis	hablasteis	hablabais	hablaréis	hablaríais	habléis	hablarais
ellos, ellas, Uds.	hablan	hablaron	hablaban	hablarán	hablarían	hablen	hablaran

복합시제				
	직설법		접속법	
주어	현재완료	과거완료	현재완료	과거완료(~ra형)
yo	he hablado	había hablado	haya hablado	hubiera hablado
tú	has hablado	habías hablado	hayas hablado	hubieras hablado
él, ella, Ud.	ha hablado	había hablado	haya hablado	hubiera hablado
nosotros/~as	hemos hablado	habíamos hablado	hayamos hablado	hubiéramos hablado
vosotros/~as	habéis hablado	habíais hablado	hayáis hablado	hubierais hablado
ellos, ellas, Uds.	han hablado	habían hablado	hayan hablado	hubieran hablado

주어	미래완료	가정미래완료	명령형(긍정)	명령형(부정)
yo	habré hablado	habría hablado	-	-
tú	habrás hablado	habrías hablado	habla	no hables
él, ella, Ud.	habrá hablado	habría hablado	hable	no hable
nosotros/~as	habremos hablado	habríamos hablado	hablemos	no hablemos
vosotros/~as	habréis hablado	habríais hablado	hablad	no habléis
ellos, ellas, Uds.	habrán hablado	habrían hablado	hablen	no hablen

동사 활용 예문

ser (~이다)　　직설법 현재

과거분사 **sido** / 현재분사 **siendo**

soy	Soy estudiante.	나는 학생이다.
eres	Eres estudiante de español.	너는 스페인어를 배우는 학생이다.
es	Es de Madrid y profesor(~a) de español.	그/그녀/당신은 마드리드 출신이며 스페인어 선생님이다.
somos	Somos brasileños(~as) y estudiantes de coreano.	우리들은 브라질에서 온 학생이며, 한국어를 배우는 학생이다.
sois	Sois altos y muy guapos.	너희들은 키가 크고 잘 생겼다.
son	Mis padres son generosos y muy buenos.	나의 부모님은 관대하시고 아주 좋으시다.

llamarse (이름이 ~이다)　　직설법 현재

과거분사 **llamado** / 현재분사 **llamando**

me llamo	Me llamo Carlos.	내 이름은 까를로스야.
te llamas	Te llamas Bora	네 이름은 보라구나.
se llama	Se llama Jorge.	그/당신의 이름은 호르헤이다.
nos llamamos	Nos llamamos David y Laura.	우리들의 이름은 다빋과 라우라이다.
os llamáis	Os llamáis Pablo y Lucía.	너희들 이름은 빠블로와 루시아구나.
se llaman	Se llaman Javier y Carolina.	그들/당신들의 이름은 하비에르와 까롤리나이다.

estar (~에 있다)　　직설법 현재

과거분사 **estado** / 현재분사 **estando**

estoy	Estoy encantado de presentar la visión de la empresa.	본인은 회사의 비전을 소개하게 되어 참으로 기쁩니다.
estás	Estás en casa.	너는 집에 있다.
está	Está bien.	그/그녀는 잘 지내. *¿Cómo está él/ella?의 대답
estamos	Estamos cansados(~as).	우리들은(남성 혹은 혼성/여성들만) 피곤하다.
estáis	Estáis en la clase.	너희들은 강의실에 있다.
están	Están en el metro.	그들/그녀들/당신들은 지하철에 있다.

trabajar (일하다)　　직설법 현재

과거분사 **trabajado** / 현재분사 **trabajando**

trabajo	Trabajo en Corea.	나는 한국에서 근무한다.
trabajas	Trabajas en Bogotá desde abril.	너는 4월부터 보고따에서 근무하는구나.
trabaja	Él trabaja en Sevilla con mucha pasión.	그는 세비야에서 열정적으로 근무한다.

trabajamos	Trabajamos con los mexicanos.	우리들은 멕시코 사람들과 근무한다.
trabajáis	Trabajáis en un edificio alto y moderno en Madrid.	너희들은 마드리드에 있는 높고 현대적인 빌딩에서 근무하는구나.
trabajan	Trabajan en una empresa multinacional en Barcelona.	그들/그녀들/당신들은 바르셀로나에 있는 다국적 기업에서 근무한다.

estudiar (공부하다) 직설법 현재

과거분사 **estudiado** / 현재분사 **estudiando**

estudio	Estudio coreano.	나는 한국어를 공부한다.
estudias	Estudias inglés conmigo.	너는 나하고 영어를 공부한다.
estudia	Estudia español con un nativo.	그는 스페인어를 원어민과 공부한다.
estudiamos	Estudiamos portugués los lunes.	우리들은 월요일마다 포르투갈어를 공부한다.
estudiáis	Estudiáis chino los lunes y miércoles.	너희들은 월요일과 수요일마다 중국어를 공부하는구나.
estudian	Estudian japonés para trabajar en Japón.	그들/그녀들/당신들은 일본에서 일하기 위해 일본어를 공부한다.

querer (원하다) e → ie 직설법 현재

과거분사 **querido** / 현재분사 **queriendo**

quiero	Quiero estudiar español.	나는 스페인어 공부를 하고 싶다.
quieres	Quieres estudiar chino por la tarde.	너는 오후에 중국어 공부하기를 원한다.
quiere	Quiere estudiar inglés por la tarde porque trabaja por la mañana.	그/그녀/당신은 오전에는 일을 하기 때문에 오후에 영어 공부를 하고 싶어 한다.
queremos	Queremos estudiar francés con Jean porque es muy buen profesor.	우리들은 헤안과 프랑스어 공부를 하고 싶어 하는데 왜냐하면 그는 아주 좋은 선생님이기 때문이다.
queréis	Queréis estudiar alemán para ir a Alemania.	너희들은 독일에 가려고 독일어 공부하기를 원한다.
quieren	Quieren estudiar italiano para estudiar música en Italia.	그들/그녀들/당신들은 이탈리아에서 음악을 공부하려고 이탈리아어 공부하기를 원한다.

visitar (방문하다) 직설법 현재

과거분사 **visitado** / 현재분사 **visitando**

visito	Visito tu oficina.	나는 너의 사무실을 방문한다.
visitas	¿Me visitas esta tarde?	너는 오늘 오후 나를 방문할 거니?
visita	Visita mi oficina con su amigo esta tarde.	그/그녀/당신은 나의 사무실을 그의/그녀의/당신의 친구와 함께 오늘 오후에 방문한다.
visita- mos	Visitamos tu oficina para hablar de nuestro proyecto.	우리들은 우리의 프로젝트에 대해 의논하기 위해 너의 사무실을 방문한다.
visitáis	¿Visitáis a vuestros padres a menudo?	너희들은 부모님을 자주 찾아 뵙니?

visitan	Juan está enfermo, por lo tanto ellos lo visitan.	후안이 아파서 그들/그녀들/당신들은 후안을 방문한다.

poder (~할 수 있다) o → ue 직설법 현재

과거분사 **podido** / 현재분사 **pudiendo**

puedo	Puedo hablar español.	나는 스페인어를 할 줄 안다.
puedes	Puedes llegar a Toledo a tiempo.	너는 정시에 똘레도에 도착할 수 있다.
puede	Puede llegar al Museo del Prado.	그/그녀/당신은 쁘라도 박물관에 도착할 수 있다.
podemos	Podemos pagar en efectivo.	우리들은 현금으로 지불할 수 있다.
podéis	Podéis llegar al Estadio Santiago Bernabéu sin retraso.	너희들은 산띠아고 베르나베우 스타디움에 늦지 않게 도착할 수 있다.
pueden	Pueden ver una telenovela coreana a las diez.	그들/그녀들/당신들은 10시에 한국 드라마를 볼 수 있다.

buscar (찾다) 직설법 현재

과거분사 **buscado** / 현재분사 **buscando**

busco	Busco una estudiante de habla española.	나는 스페인어 할 줄 아는 여학생 한 명을 찾고 있다.
buscas	Si buscas ser culto, debes leer mucho.	네가 만일 교양 있는 사람이 되고 싶으면, 책을 많이 읽어야 한다.
busca	Busca y hallarás.	찾아라 그러면 찾을 것이다.
buscamos	Buscamos en los demás lo que no tenemos.	우리들은 우리가 갖고 있지 않은 것을 다른 사람들에게서 찾는다.
buscáis	Buscáis la gloria, pero podéis encontrar el fracaso.	너희들은 승리를 구하지만 패배에 직면할 수도 있다.
buscan	Uds. buscan la paz, espero que la encuentren.	당신들은 평화를 찾고, 나는 당신들이 평화를 얻기를 원한다.

llegar (~에 도착하다) 직설법 현재

과거분사 **llegado** / 현재분사 **llegando**

llego	Llego a casa.	나는 집에 도착한다.
llegas	Llegas a casa con unos amigos.	너는 친구들과 함께 집에 도착한다.
llega	Llega al Museo del Prado con ganas de ver las obras de arte más famosas del mundo.	그/그녀/당신은 세계에서 가장 유명한 예술 작품들을 보고 싶은 마음을 가지고 쁘라도 박물관에 도착한다.
llegamos	Llegamos a casa a las 9 con unos amigos.	우리들은 친구들과 함께 9시에 집에 도착한다.
llegáis	Llegáis a casa a las 10 con unos amigos para cenar.	너희들은 저녁을 먹으려고 친구들과 10시에 집에 도착한다.
llegan	Llegan a casa para estudiar juntos después de la cena.	그들/그녀들/당신들은 저녁 식사 후에 함께 공부하려고 집에 도착한다.

tener (가지고 있다) e → ie 직설법 현재

과거분사 **tenido** / 현재분사 **teniendo**

tengo	Tengo ganas de ir al baño.	나는 화장실에 가고 싶다.
tienes	¿Tienes cambio de 20 euros?	너는 20유로 바꿀 잔돈이 있니?
tiene	Tiene algunas ideas muy interesantes.	그/그녀/당신은 아주 흥미로운 아이디어를 갖고 있다.
tenemos	Tenemos que solucionar el problema juntos.	우리들은 문제를 함께 해결해야만 한다.
tenéis	Tenéis que ser más tolerantes con los extranjeros.	너희들은 외국인들한테 좀 더 관용을 베풀어야 한다.
tienen	Ellos tienen madera de primer equipo.	그들은 1군에 올라갈 수 있는 재목이다.

tomar (마시다) 직설법 현재

과거분사 **tomado** / 현재분사 **tomando**

tomo	Tomo un té a las cinco en punto.	나는 정각 5시에 차를 마신다.
tomas	Tomas las cosas muy a la ligera.	너는 매사를 가볍게 여긴다.
toma	Toma el sol en la playa Haeundae.	그/그녀/당신은 해운대 해변에서 일광욕을 한다.
tomamos	En España tomamos vino en las comidas.	스페인에서는 식사 중에 포도주를 마신다.
tomáis	No os tomáis las cosas en serio.	너희들은 매사를 진지하게 받아들이지 않는다.
toman	Ellos toman cañas en el bar de la esquina.	그들은 모퉁이의 바에서 맥주를 마신다.

caminar (걷다) 직설법 현재

과거분사 **caminado** / 현재분사 **caminando**

camino	Camino en busca de la verdad.	나는 진실을 찾아 다닌다.
caminas	Caminas 100 metros y lo encuentras.	100미터를 걸어가면 너는 그곳을 찾게 될 것이다.
camina	Ella camina con mucho estilo.	그녀는 걷는 모습이 아름답다.
caminamos	Caminamos por el bosque tomando aire fresco.	우리들은 신선한 공기를 마시면서 숲을 따라 걷는다.
camináis	Camináis por un paso de cebra.	너희들은 인도로 걷는다.
caminan	Caminan gracias a unas muletas.	그들/그녀들/당신들은 목발의 도움으로 걷는다.

tardar (시간이 걸리다) 직설법 현재

과거분사 **tardado** / 현재분사 **tardando**

tardo	Tardo cinco minutos en preparar la comida.	나는 음식을 준비하는 데 5분 걸린다.
tardas	Tardas demasiado en maquillarte, llegaremos tarde.	네가 화장하는 데 시간이 너무 오래 걸려서 우리는 늦게 도착할 것이다.
tarda	Mi computadora tarda 5 minutos en arrancar.	내 PC는 부팅하는 데 5분 걸린다.

tardamos	Tardamos unos 20 minutos en reparar instrumentos musicales.	악기를 수리하는 데 우리들은 20분 정도 걸린다.
tardáis	¿Tardáis poco en comer normalmente?	평상시에 너희들은 밥 먹는 데 시간이 조금 걸리니?(너희들은 밥을 빨리 먹니?)
tardan	Tardan dos días en mandarte el paquete.	너에게 소포를 보내는 데 이틀이 걸린다.

seguir (계속하다) e → i 직설법 현재

과거분사 **seguido** / 현재분사 **siguiendo**

sigo	Sigo pensando que el *Kimchi* es muy picante.	나는 아직도 김치가 너무 맵다고 생각한다.
sigues	¿Sigues queriendo las entradas para el concierto?	너는 아직도 그 콘서트 입장권을 원하고 있니?
sigue	Sigue andando bien la economía coreana.	한국 경제는 여전히 좋다.
seguimos	Seguimos luchando por nuestros derechos.	우리들은 우리의 권리를 위해 계속 싸우고 있다.
seguís	¿Seguís pensando en trasladaros a Busan?	너희들은 부산으로 이사 가려는 생각이 아직도 변함 없는 거니?
siguen	Siguen llegando los refugiados de Siria.	시리아의 난민들이 계속해서 도착하고 있다.

girar (돌다) 직설법 현재

과거분사 **girado** / 현재분사 **girando**

giro	Giro la cabeza cuando me llaman.	나를 부르면 나는 고개를 돌린다.
giras	Giras en la primera calle a la derecha.	너는 첫 번째 거리에서 오른쪽으로 돌아.
gira	Ella gira en la tercera calle a la derecha.	그녀는 세 번째 거리에서 왼쪽으로 돈다.
giramos	Si giramos en la siguiente esquina, llegaremos en dos minutos.	다음 모퉁이에서 돌면 우리는 2분 안에 도착할 것이다.
giráis	Tened cuidado cuando giráis con vuestra bicicleta.	너희들은 자전거를 타고 돌 때 조심해.
giran	Los planetas siempre giran en el mismo sentido.	행성들은 항상 같은 방향으로 돈다.

encontrar (찾다, 만나다) o → ue 직설법 현재

과거분사 **encontrado** / 현재분사 **encontrando**

encuentro	Encuentro a mi amiga en la biblioteca.	나는 내 여자 친구를 우연히 도서관에서 만났다.
encuentras	¿Encuentras atractiva la oferta?	너는 그 제안이 마음에 드니?
encuentra	Ella encuentra el libro en su mochila.	그녀는 자기 가방에서 책을 발견한다.
encontramos	Nos encontramos en la Plaza Mayor.	우리들은 마요르 광장에서 만난다.
encontráis	¿Os encontráis cómodos en vuestra habitación?	너희들은 너희들의 방이 편하니?
encuentran	Ellos encuentran un tiburón varado en la playa.	그들은 해변으로 밀려온 상어를 발견한다.

coger (잡다, 붙잡다) 직설법 현재

과거분사 **cogido** / 현재분사 **cogiendo**

cojo	Cojo el tren en la estación de Atocha.	나는 아또차 역에서 기차를 탄다.
coges	Eres muy listo y coges las cosas al vuelo.	너는 똑똑해서 매사에 빨리 이해하는구나.
coge	Antes se coge al mentiroso que a un cojo.	거짓말은 오래 못 간다. *cojo 절름발이
cogemos	Cogemos lo más interesante de cada cultura.	우리들은 각 문화에서 가장 흥미로운 것을 받아들인다.
cogéis	Si cogéis el metro, tardaréis menos.	너희들이 지하철을 타면 시간이 덜 걸릴 것이다.
cogen	Ellas cogen sus cosas porque ya se van.	이제 가야 하기 때문에 그녀들은 각자의 물건을 챙긴다.

decir (말하다) e → i 직설법 현재

과거분사 **dicho** / 현재분사 **diciendo**

digo	Te digo la verdad siempre.	나는 너한테 항상 진실을 말한다.
dices	Si dices mentiras, lo sabremos.	네가 만일 거짓말을 하면 우리들은 그것을 알아차릴 것이다.
dice	Mi amigo Juan siempre dice lo que piensa	내 친구 후안은 항상 생각하고 있는 것을 말한다.
decimos	Decimos que es mejor prevenir que curar.	우리들은 치료하는 것보다는 예방하는 게 더 낫다고 말한다.
decís	Creo que lo que decís es muy interesante.	내 생각에는 너희들이 말하는 것이 아주 흥미로운 것 같다.
dicen	Dicen que los españoles son muy simpáticos.	스페인 사람들이 아주 친절하다고 그러네.

hacer (~하다, 만들다) 직설법 현재

과거분사 **hecho** / 현재분사 **haciendo**

hago	Hago ejercicios de piano tres días por semana.	나는 일주일에 3일 피아노 연습을 한다.
haces	¿Qué haces? Tienes que hacer ejercicio.	너는 뭐 하니? 너는 운동을 해야만 해.
hace	El que hace buenos pasteles es Juan.	맛있는 케이크를 만드는 사람은 후안이다.
hacemos	Está grave y hacemos lo que podemos.	심각한 상황입니다. 그리고 우리들은 우리가 할 수 있는 것을 하고 있습니다.
hacéis	¡Qué sorpresa!, ¿qué hacéis aquí?	어머나! 너희들 여기서 뭐 해?
hacen	Uds. hacen unos tacos deliciosos.	당신들은 맛있는 따꼬를 만든다.

ir (가다) 직설법 현재

과거분사 **ido** / 현재분사 **yendo**

voy	Voy a casarme el mes que viene.	나는 다음 달에 결혼한다.
vas	¿Adónde vas?	너는 어디에 가니?

va	Él va a salir a bailar con una chica guapa.	그는 예쁜 아가씨와 춤 추러 나가려고 한다.
vamos	¿Cuándo vamos a comer pizza?	우리 언제 피자 먹을까?
vais	Si vais por este camino, os perderéis.	이 길로 가면 너희들은 길을 잃어버릴 것이다.
van	Ellos van a construir un parque de atracciones aquí.	그들은 여기에 놀이공원을 세울 것이다.

indicar (알려 주다) 직설법 현재

과거분사 **indicado** / 현재분사 **indicando**

indico	Soy extranjero, no indico muy bien las direcciones.	나는 외국인이라 길을 잘 알려 주지 못 한다.
indicas	Indicas muy bien para ser de otro sitio.	다른 지역 사람이라고 하기에는 네가 길을 너무 잘 알려 준다.
indica	Esa herida indica que te quemaste.	그 상처는 네가 화상 입었음을 나타낸다.
indicamos	Les indicamos la dirección mediante gestos.	우리들은 그들에게 손짓으로 방향을 알려 준다.
indicáis	Indicáis las correcciones con color rojo.	너희들은 빨간색으로 잘못된 것들을 표시하는구나.
indican	Las señales indican el camino.	이정표가 길을 알려 준다.

mirar (보다) 직설법 현재

과거분사 **mirado** / 현재분사 **mirando**

miro	Miro a la cámara.	나는 카메라를 응시한다.
miras	Te miras en el espejo todas las mañanas.	너는 매일 아침마다 거울을 본다.
mira	Mi piso mira al sureste.	내 아파트는 남동쪽을 바라보고 있다.
miramos	Miramos el paisaje nocturno de Toledo.	우리들은 똘레도의 야경을 바라본다.
miráis	¿Por qué miráis arriba?	너희들은 왜 위를 바라보고 있니?
miran	Ellos me miran de arriba a abajo.	그들은 나를 위아래로 훑어 본다.

matricularse (등록하다) 직설법 현재

과거분사 **matriculado** / 현재분사 **matriculando**

me matriculo	Me matriculo en el curso de fútbol.	나는 축구 과정에 등록한다.
te matriculas	Te matriculas en el curso de inglés.	너는 영어 과정에 등록한다.
se matricula	Se matricula en el curso de natación.	그/그녀/당신은 수영 과정에 등록한다.
nos matriculamos	¿Cómo nos matriculamos para las PAU?	우리들은 어떻게 대학입학시험에 등록하지? *PAU(Pruebas de Acceso a la Universidad) : 스페인의 대학입학능력시험
os matriculáis	Os matriculáis en un máster oficial.	너희들은 공식 MBA 과정에 등록하는구나.
se matriculan	Se matriculan en el curso de informática.	그들/그녀들/당신들은 정보학 과정에 등록한다.

☐ pagar (돈을 내다) 직설법 현재

▶ 과거분사 **pagado** / 현재분사 **pagando**

pago	Pago la cuenta.	제가 계산할게요.
pagas	Pagas los impuestos al final del año.	너는 연말에 세금을 납부한다.
paga	Ella paga diez mil wones por la blusa.	그녀는 블라우스 값으로 만 원을 지불한다.
pagamos	Pagamos al contado.	우리들은 현금으로 지불한다.
pagáis	Pagáis con tarjeta de crédito.	너희들은 신용카드로 지불한다.
pagan	Ellos pagan la matrícula.	그들은 등록금을 납부한다.

☐ empezar (시작하다) e → ie 직설법 현재

▶ 과거분사 **empezado** / 현재분사 **empezando**

empiezo	Empiezo la clase de español este lunes.	나는 이번주 월요일에 스페인어 수업을 시작한다.
empiezas	Si empiezas pronto, terminarás antes.	네가 빨리 시작하면 보다 빨리 끝낼 거야.
empieza	En España el curso universitario empieza a finales de septiembre.	스페인에서 대학 과정은 9월 말에 시작한다.
empezamos	Empezamos un poco despacio, pero ahora vamos muy rápido.	시작은 조금 천천히 했지만 우리들은 지금 아주 빠르게 진행하고 있다.
empezáis	Empezáis la casa por el tejado.	너희들은 집을 지붕부터 짓는구나. *쉽게 할 수 있는 일을 어렵게 한다(속담)
empiezan	Las obras empiezan dentro de dos meses.	공사는 두 달 안에 시작한다.

☐ rellenar (가득 채우다) 직설법 현재

▶ 과거분사 **rellenado** / 현재분사 **rellenando**

relleno	Relleno el impreso con mis datos personales.	나는 나의 신상 자료로 서식을 채운다.
rellenas	Rellenas el formulario en inglés.	너는 영어로 서류에 기입한다.
rellena	El chef rellena el pastel con la crema pastelera.	셰프는 케이크에 케이크용 크림을 채워 넣는다.
rellenamos	Rellenamos las aceitunas con anchoas.	우리들은 올리브 속에 멸치를 넣는다.
rellenáis	¿Con qué rellenáis las croquetas?	너희들은 크로켓 속에 뭘 넣니?
rellenan	Ellos rellenan el bocadillo con jamón y chorizo.	그들은 스페인식 샌드위치에 하몬과 초리소를 넣는다.

☐ comprobar (확인하다) o → ue 직설법 현재

▶ 과거분사 **comprobado** / 현재분사 **comprobando**

compruebo	Mira la revista mientras compruebo estas tareas.	내가 이 작업들을 확인하는 동안 그/그녀/당신은 잡지를 본다.
compruebas	Si compruebas el libro, verás algunos cambios.	네가 책을 확인해 보면 변경된 게 있는 걸 알게 될 거야.

comprueba	Juan comprueba que las cajas están bien colocadas.	후안은 박스들이 제대로 위치해 있는지 확인한다.
comprobamos	Comprobamos el disco.	우리들은 디스켓을 검사해 본다.
comprobáis	¿No comprobáis la ropa antes de comprarla?	너희들은 옷을 사기 전에 (옷의 상태를) 확인 안 하니?
comprueban	Comprueban que no haya líquidos en el equipaje de mano.	그들은/그녀들은/당신들은 핸디 캐리 안에 액체류가 없는지 확인한다.

comprar (사다) 직설법 현재

과거분사 **comprado** / 현재분사 **comprando**

compro	Compro un vestido a mi amiga.	나는 내 여자 친구에게 줄 원피스를 한 벌 산다.
compras	Compras un vino a mis amigos.	너는 내 친구들에게 줄 와인을 한 병 산다.
compra	Él compra un ordenador de sobremesa.	그는 데스크 탑 컴퓨터를 구입한다.
compramos	Compramos tu auto usado.	우리들은 네가 쓰던 차를 산다.
compráis	Compráis un Galaxy Note 5.	너희들은 갤럭시 노트 5를 산다.
compran	Compran celulares usados o rotos, los arreglan y los revenden.	그들은/그녀들은/당신들은 중고 또는 망가진 휴대폰을 사고, 수리해서 다시 판다.

saber (알다) 직설법 현재

과거분사 **sabido** / 현재분사 **sabiendo**

sé	Sé hablar español.	나는 스페인어를 할 줄 안다.
sabes	Sabes hablar inglés muy bien.	너는 영어를 아주 잘 구사할 줄 안다.
sabe	Este helado sabe a fresa.	이 아이스크림은 딸기 맛이 난다.
sabemos	Sabemos dónde vive Bora.	우리들은 보라가 어디에 사는지 알고 있다.
sabéis	¿Sabéis dónde está Daniel?	다니엘이 어디에 있는지 너희들은 아니?
saben	¿Qué saben Uds. de mí?	당신들은 나에 대해 무엇을 알고 계십니까?

conocer (알다) 직설법 현재

과거분사 **conocido** / 현재분사 **conociendo**

conozco	No conozco a nadie como tú.	나도 너처럼 아무도 몰라.
conoces	¿Conoces a Daniel?	너는 다니엘을 아니?
conoce	Conoce el camino como la palma de su mano.	그/그녀/당신은 그 길을 자기 손바닥처럼 잘 알고 있다.
conocemos	Nos conocemos desde hace mucho tiempo.	우리들은 아주 오래 전부터 알고 지낸다.
conocéis	Os conocéis como si fueseis hermanos.	너희들은 마치 형제인 것처럼 서로에 대해 잘 안다.
conocen	Conocen bien Granada.	그들/그녀들/당신들은 그라나다를 잘 안다.

recomendar (추천하다) e → ie 직설법 현재

과거분사 **recomendado** / 현재분사 **recomendando**

recomiendo	Te recomiendo esta novela.	나는 너한테 이 소설을 추천해.
recomiendas	¿Qúe clase de película me recomiendas?	너는 어떤 영화를 나한테 추천해 줄 거야?
recomienda	El gobierno recomienda no comer mucha carne roja.	정부는 붉은색을 띄는 고기를 많이 섭취하지 않을 것을 권장한다.
recomendamos	Te recomendamos ver una película española.	우리들은 네가 스페인 영화를 한 편 보는 것을 권한다.
recomendáis	¿Qué vestido me recomendáis para mi boda?	너희들은 내가 결혼식에 어떤 옷을 입는 것이 좋을 것 같아?
recomiendan	Los españoles nos recomiendan ir a Barcelona.	스페인 사람들은 우리들에게 바르셀로나에 갈 것을 권유한다.

comer (먹다) 직설법 현재

과거분사 **comido** / 현재분사 **comiendo**

como	A veces como mucha sal.	가끔 나는 소금을 많이 섭취한다.
comes	Comes mucho.	너는 많이 먹는 구나.
come	El que mucho habla, poco come.	말이 많은 사람은 실속이 없다.
comemos	Comemos 3 veces al día.	우리는 하루에 세 번 식사를 한다.
coméis	¿En Argentina coméis mucho asado, verdad?	아르헨티나에서 너희들은 아사도를 많이 먹지, 그렇지?
comen	Los coreanos comen mucho arroz.	한국 사람은 쌀을 많이 섭취한다.

parecer (~일 것 같다) 직설법 현재

과거분사 **parecido** / 현재분사 **pareciendo**

parezco	A veces me dicen que parezco alemán.	가끔 사람들은 나한테 독일 사람 같다고 말한다.
pareces	Deja de hablar, pareces un loro.	말 좀 그만해, 앵무새 같다.
parece	Ella se parece a su mamá.	그녀는 자기 엄마를 닮았다.
parecemos	Cuando vamos juntos, parecemos una pareja.	우리들이 같이 다니면 커플처럼 보인다.
parecéis	Parecéis muy serios.	너희들은 아주 무뚝뚝해 보여.
parecen	Aquellas rosas parecen muy bonitas.	저 장미꽃들은 아주 예쁘다.

desear (원하다) 직설법 현재

과거분사 **deseado** / 현재분사 **deseando**

deseo	Deseo un coche nuevo.	나는 새 차를 원한다.
deseas	¿Deseas ir a España?	너는 스페인에 가고 싶니?
desea	¿Desea algo más?	원하는 것이 더 있으십니까?

deseamos	Deseamos que seáis felices siempre.	우리들은 너희들이 항상 행복하기를 바란다.
deseáis	¿Deseáis viajar por España?	너희들은 스페인을 여행하고 싶니?
desean	Los coreanos del sur y del norte desean la paz.	남과 북의 한국 사람들은 평화를 원한다.

probar (시도해 보다) o → ue　　직설법 현재

과거분사 **probado** / 현재분사 **probando**

pruebo	Cada vez que pruebo unas zapatillas nuevas, me siento extraño.	나는 새 신발을 신어 볼 때마다 편하지 않아.
pruebas	He preparado una tortilla española, ven a casa y la pruebas.	내가 스페인식 또르띠야를 만들었어. 집에 와서 먹어 봐.
prueba	Ella prueba el pescado y yo pruebo el marisco.	그녀는 생선을, 나는 해산물을 먹어 본다.
probamos	Una vez probamos el queso manchego y nos gustó mucho.	우리들은 라만차 지방의 치즈를 한번 먹어 봤는데 맛있었다.
probáis	¿Probáis siempre el vino antes de comprarlo?	포도주를 사기 전에 너희들은 항상 시음해 보니?
prueban	Ellos prueban el gazpacho y la sangría.	그들은 가스빠초와 상그리아를 먹어 본다.

quedar (~상태로 되다, 만나기로 하다)　　직설법 현재

과거분사 **quedado** / 현재분사 **quedando**

quedo	A veces me quedo en blanco.	가끔씩 나는 머리가 하얗게 돼. (가끔씩 머리가 텅 비어.)
quedas	Cuando ves el río Han, te quedas impresionado.	네가 한강을 보게 되면 감탄하게 될 거야.
queda	Ella siempre queda con él en el mismo sitio.	그녀는 항상 같은 장소에서 그와 만난다.
quedamos	¿Dónde quedamos?	우리 어디서 만날까?
quedáis	Quedáis mal si no os quitáis los zapatos antes de entrar en casa de los coreanos.	너희들은 한국 사람의 집에 들어가기 전에 신발을 벗지 않으면 폐를 끼치는 거야.
quedan	Ellos quedan en la estación de metro normalmente.	그들은 평소에 지하철 역에서 만난다.

traer (가지고 오다)　　직설법 현재

과거분사 **traído** / 현재분사 **trayendo**

traigo	Traigo una carta para el señor López.	로뻬스 씨에게 편지를 한 통 가지고 왔다.
traes	Siempre que vienes, nos traes un regalo.	너는 항상 올 때마다 우리에게 선물을 가지고 오는구나.
trae	¿Nos trae la cuenta, por favor?	우리들에게 계산서를 가져다 주시겠습니까?
traemos	Hola, traemos buenas noticias para vosotros.	안녕, 너희들을 위해 우리가 좋은 소식을 가지고 왔어.
traéis	Ayer ellos nos enviaron tres paquetes, ¿cuántos traéis vosotros?	어제 그들이 우리에게 박스를 3개 보냈던데 너희들은 몇 박스 가지고 왔니?
traen	Esa canción me trae muy buenos recuerdos.	그 노래는 나에게 아주 좋은 추억들을 떠올리게 한다.

llevar (가지고 가다, ~ 부터 쭉~하다) 직설법 현재

과거분사 **llevado** / 현재분사 **llevando**

llevo	Llevo tareas a casa.	나는 업무를 집으로 가져간다.
llevas	Llevas este periódico y me lo traes de hoy.	이 신문을 가져가고 오늘 신문을 가져와.
lleva	Lleva varios días trabajando en ese nuevo proyecto.	그/그녀/당신은 새로운 프로젝트를 하느라 며칠간 계속해서 일하고 있다.
llevamos	Llevamos una larga temporada sin escribirnos.	우리들은 서로 편지를 쓰지 않은 지 오래 되었다.
lleváis	¿Cuánto tiempo lleváis en Colombia?	너희들은 콜롬비아에서 머무른 지 얼마나 됐니?
llevan	Esos coches llevan ahí aparcados tres semanas.	그 차들이 여기에 주차된 지 3주나 되었다.

practicar (연습하다) 직설법 현재

과거분사 **practicado** / 현재분사 **practicando**

practico	Soy muy deportista, practico muchos deportes distintos.	나는 운동 애호가이다. 다양하게 많은 운동을 한다.
practicas	¿Cuántas veces practicas *Taekwondo* a la semana?	너는 일주일에 몇 번이나 태권도를 하니?
practica	Mi hermana es una pianista excelente, ella practica todos los días.	내 여동생은 아주 훌륭한 피아니스트야. 매일 연습을 한다.
practicamos	Practicamos conjugaciones de los verbos españoles.	우리들은 스페인어 동사 변화를 연습한다.
practicáis	¿Dónde practicáis la natación?	너희들은 어디서 수영 연습을 하니?
practican	Los mejores pintores practican mucho.	훌륭한 화가들은 계속해서 연습한다.

servir (봉사하다, 시중 들다) 직설법 현재

과거분사 **servido** / 현재분사 **sirviendo**

sirvo	Yo sirvo en el Ejército del Aire.	나는 공군에 복무 중이다.
sirves	Lo siento, eres muy alto, no sirves como base de baloncesto.	미안한데 네가 키가 너무 커서 농구 가드로는 안 되겠다.
sirve	Cuando el malo es muy malo, de nada sirve el palo.	아주 나쁜 사람한테는 몽둥이도 소용없다.
servimos	En este bar no servimos alcohol a menores.	이 바에서는 미성년자에게 술을 주지 않습니다.
servís	¿Servís en aquel castillo?	너희들은 저 성에서 일하니?
sirven	Estas tuercas no sirven para estos tornillos.	이 너트들은 이 나사못과 맞지 않아 쓸모가 없다.

dormir (자다) o → ue 직설법 현재

과거분사 **dormido** / 현재분사 **durmiendo**

duermo	Cuando duermo de lado, me levanto con dolor de espalda.	옆으로 누워서 자면, 일어났을 때 등이 아프다.
duermes	Duermes temprano.	너는 일찍 잔다.

duerme	Al pececillo que se duerme, se lo lleva la corriente.	게으름 부리지 마라. *Pececillo 물고기 pez의 축소사 *la corriente 물 흐름
dormimos	Algunas veces nos dormimos cuando la película es muy aburrida.	영화가 지루하면 우리들은 때때로 잠이 든다.
dormís	¿Cuántas horas dormís al dia?	너희들은 하루에 몇 시간 자니?
duermen	Los niños recién nacidos duermen mucho.	갓 태어난 아이들은 잠을 많이 잔다.

levantarse (일어나다) 직설법 현재

과거분사 **levantado** / 현재분사 **levantando**

me levanto	Me levanto temprano.	나는 일찍 일어납니다.
te levantas	Te levantas a las nueve de la mañana.	너는 오전 9시에 일어난다.
se levanta	Juan se levanta muy temprano para coger el autobús escolar.	후안은 스쿨버스를 타려고 일찍 일어난다.
nos levantamos	Nos levantamos tarde porque hoy no tenemos clase.	오늘은 수업이 없어서 우리들은 늦게 일어난다.
os levantáis	¿A qué hora os levantáis para ir a la montaña?	너희들은 산에 가기 위해 몇 시에 일어나니?
se levantan	Los chicos se levantan cuando el gallo canta.	아이들은 닭이 울면 일어난다. (아이들은 일찍 일어난다.)

madrugar (새벽에 일어나다) 직설법 현재

과거분사 **madrugado** / 현재분사 **madrugando**

madrugo	Yo madrugo siempre.	나는 항상 이른 시간에 일어난다.
madrugas	Si madrugas, tendrás tiempo para hacer todas las tareas.	만일 일찍 일어나면 너는 모든 일을 할 시간이 있을 거야.
madruga	A quien madruga, Dios le ayuda.	부지런한 사람은 하나님이 돕는다.
madrugamos	A veces madrugamos para ver la salida del sol.	가끔 우리들은 일출을 보려고 일찍 일어난다.
madrugáis	No entiendo por qué madrugáis tanto, mañana es domingo.	나는 너희들이 왜 그렇게 일찍 일어나는지 모르겠다. 내일은 일요일이야.
madrugan	Los jornaleros madrugan mucho para aprovechar el día.	일용직 근로자들은 하루를 잘 활용하기 위해서 일찍 일어난다.

acostarse (잠자리에 들다) o → ue 직설법 현재

과거분사 **acostado** / 현재분사 **acostando**

me acuesto	Me acuesto a las once de la noche.	나는 밤 11시에 잠자리에 든다.
te acuestas	Si te acuestas tan tarde, mañana no podrás levantarte pronto.	너무 늦게 자면 너는 내일 일찍 못 일어날 거야.
se acuesta	Ella se acuesta siempre con un pijama de verano.	그녀는 항상 여름 잠옷을 입고 잔다.
nos acostamos	En invierno nos acostamos pronto.	겨울에 우리들은 일찍 잠자리에 든다.

os acostáis	Vosotros os acostáis en el sofá porque no hay camas suficientes.	침대가 충분하지 않아 너희들은 소파에서 자는 구나.
se acuestan	Los niños se acuestan en las literas de la habitación grande.	아이들은 큰방 간이 침대에서 잔다.

preguntar (질문하다) 직설법 현재

과거분사 **preguntado** / 현재분사 **preguntando**

pregunto	Siempre pregunto a los alumnos la lección de ayer.	나는 학생들에게 항상 어제 과에 대해 묻는다.
preguntas	A veces me preguntas cosas que no sé contestar.	가끔 너는 나한테 내가 대답할 수 없는 것들을 물어 본다.
pregunta	Pregunta lo que no debes y oirás lo que no quieres.	하지 않아야 할 질문을 하게 되면 원치 않는 답, 즉 마음에 상처가 되는 말을 듣게 된다.
preguntamos	No siempre preguntamos lo adecuado, por eso muchas respuestas no sirven.	우리가 항상 적절한 질문을 하는 건 아니다. 그래서 많은 답이 유용하지 않다.
preguntáis	Preguntáis mucho.	너희들은 질문이 많구나.
preguntan	Los chicos más inteligentes son los que más preguntan.	똑똑한 아이들이 질문을 더 많이 하는 아이들이다.

venir (오다) 직설법 현재

과거분사 **venido** / 현재분사 **viniendo**

vengo	Vengo andando desde el otro lado de la colina.	나는 언덕 건너편에서부터 걸어오고 있는 거예요.
vienes	¿Por qué camino vienes normalmente?	너는 평소에 어떤 길로 오니?
viene	Cuando viene así de enfadado, es mejor no hablar con él.	그렇게 화난 상태로 올 때면 그 사람하고는 말을 안 하는 게 더 낫다.
venimos	Venimos en son de paz.	우리는 좋은 의도를 갖고 왔다.
venís	¿De dónde venís? Estáis empapados.	너희들은 어디서 오는 길이야? 흠뻑 젖었네.
vienen	Ellas vienen de allí.	그녀들이 저기에서 온다.

evitar (피하다) 직설법 현재

과거분사 **evitado** / 현재분사 **evitando**

evito	Evito el riesgo.	나는 위험을 피하고자 한다.
evitas	Es mejor viajar por la carretera nueva, así evitas los atascos.	새로 난 도로로 가는 게 더 좋아, 그러면 너는 교통 체증을 피할 수 있어.
evita	El trabajo evita tres grandes males: la pobreza, el vicio y el aburrimiento.	일은 가난, 나쁜 습관, 지루함 같은 세 가지 나쁜 것들을 없애 준다.
evitamos	En esta casa evitamos comer mucho dulce, somos diabéticos.	이 집에서 우리는 단 것을 많이 먹지 않는다. 우리는 당뇨병 환자이다.
evitáis	¿Cómo evitáis quemaros la piel con todo este sol?	너희들은 이런 태양 아래서 어떻게 피부가 타는 걸 막니?

evitan	Los supersticiosos evitan pasar por debajo de las escaleras.	미신을 믿는 사람들은 계단 밑으로 지나가는 것을 회피한다.

pasar (통과하다, 지내다) 직설법 현재

과거분사 **pasado** / 현재분사 **pasando**

paso	Paso por Jonggak todos los días.	나는 매일 종각을 지나간다.
pasas	Haz deporte, te pasas todo el día viendo la tele.	운동 좀 해, 너는 하루 종일 TV를 보면서 시간을 보내는구나.
pasa	¿A qué hora pasa el cartero?	우체부가 몇 시에 들르니?
pasamos	No nos interesa, pasamos de ir a espectáculos taurinos.	우리는 흥미가 없어, 투우 경기 보러 가는 것에 관심 없어.
pasáis	Si pasáis por aquel valle, ahorraréis bastante tiempo.	만일 그 계곡으로 가면, 너희들은 시간을 많이 절약하게 될 거야.
pasan	Los chicos pasan de casi todo hoy en día.	요즈음 아이들은 거의 모든 것에 관심이 없다.

descubrir (발견하다) 직설법 현재

과거분사 **descubierto** / 현재분사 **descubriendo**

descubro	Siempre que leo libros de Isabel Allende descubro algo nuevo.	이사벨 아옌데의 책을 읽을 때마다 나는 항상 뭔가 새로운 것을 깨닫는다.
descubres	Cuando nace tu primer hijo, descubres muchas cosas.	첫 애가 태어나면, 넌 많은 것을 알게 될 거야.
descubre	Cristóbal Colón descubre América en 1492.	콜럼버스는 1492년에 아메리카를 발견한다.
descubrimos	Descubrimos una parte desconocida de Madrid.	우리들은 마드리드의 잘 알려져 있지 않은 곳을 발견한다.
descubrís	Si os descubrís, tendréis frío.	너희들은 모자를 벗으면 추울 거야.
descubren	Unos científicos alemanes descubren un remedio contra la calvicie.	독일의 몇몇 과학자들이 탈모 치료법을 찾았다.

tratar (취급하다, 다루다) 직설법 현재

과거분사 **tratado** / 현재분사 **tratando**

trato	Trato de entender como funciona la lavadora	세탁기가 어떻게 작동하는지 알아보는 중이다.
tratas	Dime cómo tratas a los demás y te diré quién eres.	네가 다른 사람들을 어떻게 대하는지 말해 봐. 그러면 네가 어떤 사람인지 말해 줄게.
trata	Por favor, trátame de tú.	나한테 너라고 해 줘.
tratamos	Tratamos este asunto desde hace un año.	우리들은 이 문제를 일 년 전부터 다루고 있다.
tratáis	¿Por qué tratáis de ir?	너희들은 왜 가려고 하니?
tratan	Ahora tratan de explicarles lo que significa ser honesto.	지금 정직한 것이 무엇인지 그들/그녀들/당신들에게 설명하려고 한다.

apuntarse (등록하다) 직설법 현재

▶ 과거분사 **apuntado** / 현재분사 **apuntando**

me apunto	Me apunto a un curso intensivo de español.	나는 스페인어 집중 코스에 등록한다.
te apuntas	¿Te apuntas conmigo a la maratón San Silvestre?	산 실베스트레 마라톤에 나와 같이 참가할래?
se apunta	Siempre quiere participar, se apunta a un bombardeo.	항상 어디든지 끼어들기를 좋아한다.
nos apuntamos	Nos apuntamos ayer al concurso de poesía.	우리들은 어제 시 경연대회에 등록했다.
os apuntáis	Si os apuntáis hoy a la promoción, os regalamos un llavero.	오늘 그 프로모션에 참가하면, 우리들이 너희들에게 열쇠고리를 선물해 줄게.
se apuntan	Siempre se apuntan tarde a las actividades.	그들/그녀들/당신들은 항상 행사에 늦게 등록한다.

reflejar (반영하다) 직설법 현재

▶ 과거분사 **reflejado** / 현재분사 **reflejando**

reflejo	Creo que reflejo una buena imagen.	내 생각에 나는 좋은 이미지를 보여 주고 있는 것 같다.
reflejas	Los sentimientos que reflejas son muy bellos.	네가 보여 주는 감정들은 아주 아름답다.
refleja	La novela refleja la problemática social de la época.	그 소설은 시대의 사회적 문제를 반영한다.
reflejamos	Nos reflejamos en el agua.	우리들이 물에 반사되어 보인다.
reflejáis	Habéis triunfado, reflejáis éxito.	너희들 이겼구나, 너희들에게서 성공을 느껴.
reflejan	Algunos hombres reflejan demasiada agresividad.	어떤 남자들은 지나치게 공격성을 드러낸다.

centrar (집중시키다) 직설법 현재

▶ 과거분사 **centrado** / 현재분사 **centrando**

centro	Si no me centro, no puedo estudiar.	나는 집중하지 않으면, 공부를 할 수 없다.
centras	Si no te centras, no conseguirás superar el problema.	집중하지 않으면, 너는 그 문제를 극복하지 못 할거야.
centra	Sandra se centra muy bien cuando lo necesita.	필요할 때 산드라는 집중을 아주 잘한다.
centramos	Casi todas las mujeres centramos nuestra vida en nuestros hijos.	대다수 우리 여자들은 우리의 삶을 우리의 자녀에게 맞춘다.
centráis	Si no os centráis en la tarea, perderéis mucho tiempo.	그 일에 집중하지 않으면, 너희들은 많은 시간을 낭비하게 될 거야.
centran	Todas las miradas se centran en ella.	모든 시선이 그녀에게 집중된다.

marcharse (떠나다) 직설법 현재

▶ 과거분사 **marchado** / 현재분사 **marchando**

me marcho	Me marcho mañana a México.	나는 내일 멕시코로 떠난다.
te marchas	¿Ya te marchas? Quédate un rato más.	너는 벌써 가니? 조금만 더 있어.

se marcha	Date prisa, el taxi se marcha en cinco minutos.	서둘러, 택시가 5분 안에 출발한다.
nos marchamos	Mañana nos marchamos, decidnos qué queréis que os traigamos.	우리는 내일 떠나, 우리가 너희에게 뭘 가져다 주길 원하는지 말해 줘.
os marcháis	Si os marcháis pronto, no tendréis problemas para aparcar el coche.	너희들이 일찍 출발하면, 주차하는 데 문제 없을 거야.
se marchan	Los vecinos se marchan porque han encontrado un piso mejor.	이웃 사람들은 더 좋은 집을 구해서 떠난다.

pasear (산책하다) 직설법 현재

과거분사 **paseado** / 현재분사 **paseando**

paseo	Todas las noches paseo por el parque cercano a mi casa.	매일 밤 나는 집 근처 공원을 산책한다.
paseas	Aprovecho para estudiar mientras paseas.	네가 산책하는 동안 나는 공부하기 위해 시간 활용을 하겠다.
pasea	Mi padre pasea dos horas todos los días.	우리 아버지는 매일 두 시간씩 산책을 하신다.
paseamos	Paseamos siempre dos horas todos los días.	우리들은 매일 두 시간씩 산책을 한다.
paseáis	Si paseáis por aquel puente, tened cuidado, resbala un poco.	너희들이 저 다리를 건너려면, 조심해라. 조금 미끄럽다.
pasean	Los niños pasean con sus padres por el parque todos los días.	아이들은 부모님과 매일 공원을 산책한다.

echar (던지다, 넣다) 직설법 현재

과거분사 **echado** / 현재분사 **echando**

echo	Echo en falta un poco de sal. Esto está un poco soso.	소금이 조금 필요해. 조금 싱거워.
echas	¿Echas un ojo a la olla mientras voy al baño?	내가 화장실에 있는 동안 스튜 좀 잠깐 봐 줄래?
echa	Ella echa un poco de vino en las comidas.	그녀는 음식에 포도주를 조금 넣는다.
echamos	Echamos unas risas recordando el pasado.	우리들은 과거를 회상하면서 한바탕 웃었다.
echáis	En EE. UU. echáis mucho ketchup a las comidas.	너희 미국 사람들은 음식에 케첩을 참 많이 넣는구나.
echan	Están tristes porque echan de menos a sus padres.	그들/그녀들/당신들은 부모님이 보고 싶어서 슬프다.

disfrutar (즐기다) 직설법 현재

과거분사 **disfrutado** / 현재분사 **disfrutando**

disfruto	Disfruto de un tiempo magnífico durante las vacaciones de verano.	나는 여름 방학 동안 멋진 시간을 보내고 있다.
disfrutas	Te tengo un poco de envidia, disfrutas de mucho tiempo libre.	나는 네가 조금 부러워, 너는 자유 시간을 많이 누리는 구나.
disfruta	La gente guapa disfruta de muchas ventajas solo por serlo.	예쁘게 생긴 사람들은 예쁘다는 이유 하나만으로 많은 이점들을 누린다.

disfrutamos	En mi familia todos disfrutamos de muy buena salud.	우리 가족은 모두 건강하다.
disfrutáis	Os gusta ir a Cuba porque disfrutáis de muy buen clima.	좋은 날씨를 즐길 수 있기 때문에 너희는 쿠바에 가는 걸 좋아해.
disfrutan	Muchos jóvenes españoles disfrutan de beca.	스페인의 많은 젊은이들이 장학금 혜택을 누리고 있다.

vivir (살다) 직설법 현재

과거분사 **vivido** / 현재분사 **viviendo**

vivo	Soy de Madrid, pero vivo en Barcelona.	나는 마드리드 사람이지만 바르셀로나에서 산다.
vives	¿Dónde vives? ¿En la ciudad o en el campo?	너는 어디에서 사니? 도시에서 아니면 농촌에서?
vive	Mi hermano vive en un pueblo pequeño.	나의 오빠는 작은 마을에서 산다.
vivimos	Vivimos en un pueblo pequeño desde hace un año.	우리들은 일년 전부터 작은 마을에서 살고 있다.
vivís	Si vivís en Corea en invierno, tendréis que abrigaros.	너희들이 겨울에 한국에 살면, 옷을 든든하게 입어야 해.
viven	Viven cerca del Estadio Santiago Bernabéu.	그들은 산띠아고 베르나베우 구장 가까이에 산다.

esperar (기다리다, 기대하다) 직설법 현재

과거분사 **esperado** / 현재분사 **esperando**

espero	¡Espero verte pronto!	너를 빨리 만날 수 있기 바란다!
esperas	No sé a qué esperas para pedirle que se case contigo.	난 네가 그녀에게 청혼하기 위해 왜 기다리고 있는지 모르겠어.
espera	A quien espera, su bien le llega.	기다리는 자에게 복이 온다.
esperamos	Estamos esperando el autobús para la Universidad Complutense de Madrid.	우리들은 마드리드 꼼쁠루뗀세 대학으로 가는 버스를 기다리고 있다.
esperáis	Si esperáis aquí un rato, el autobús vendrá pronto.	너희들이 여기서 잠깐만 기다리면 버스가 곧 올 거야.
esperan	Los niños necesitan saber qué esperan sus padres de ellos.	아이들은 부모님들이 자신들에게 무엇을 기대하는지 알 필요가 있다.

incluir (포함시키다) 직설법 현재

과거분사 **incluido** / 현재분사 **incluyendo**

incluyo	Simpre me incluyo en las actividades extraescolares.	나는 항상 교외 활동에 참여한다.
incluyes	Si incluyes a Juan en la lista, podremos salir mañana.	네가 만일 명단에 후안을 포함시키면, 우리는 내일 출발할 수 있다.
incluye	¿El precio incluye Wifi y desayuno?	가격에 와이파이와 아침 식사가 포함되나요?
incluimos	En este bar incluimos la tapa en el precio de la bebida.	이 바에서 우리는 음료수 가격에 따빠를 포함시키고 있습니다. *tapa: 간단한 술 안주
incluís	¿Incluís a Alberto en la lista de invitados?	너희들은 초대 손님 리스트에 알베르또를 포함시킬 거니?

incluyen	Los billetes incluyen un seguro médico.	표는 의료보험을 포함하고 있다.

alegrar (기쁘게 하다) 직설법 현재

과거분사 **alegrado** / 현재분사 **alegrando**

alegro	Me alegro de verte otra vez.	너를 다시 보게 되어서 기쁘다.
alegras	Es genial ver cómo te alegras cuando ves a tu papá.	네가 아버지를 만날 때 기뻐하는 모습을 보는 것이 너무 좋다.
alegra	El que se alegra del mal del vecino, el suyo le viene de camino.	이웃의 불행을 기뻐하는 사람은 그 불행이 자신에게 돌아온다.
alegramos	Nos alegramos mucho de que vengas.	네가 온다고 해서 우리는 너무 기뻐.
alegráis	Me encanta ver cómo os alegráis con las películas cómicas.	코미디 영화를 보면서 너희들이 재미있어 하는 것이 나는 참 좋다.
alegran	Los que se alegran de las desgracias ajenas son malas personas.	타인의 불행을 기뻐하는 사람들은 나쁜 사람들이다.

necesitar (필요로 하다) 직설법 현재

과거분사 **necesitado** / 현재분사 **necesitando**

necesito	Necesito un trabajo a tiempo parcial en este invierno.	우리들은 이번 겨울에 파트타임 일이 필요하다.
necesitas	Hola, ¿necesitas ayuda?	안녕, 너는 도움이 필요하니?
necesita	No es más rico el que más tiene, sino el que menos necesita.	많이 가진 자가 부자가 아니라 덜 필요로 하는 사람이 더 부자다.
necesitamos	Necesitamos invertir más dinero en investigación y desarrollo.	우리들은 R&D에 더 많은 돈을 투자할 필요가 있다.
necesitáis	Decidme qué necesitáis y yo os lo daré.	너희들이 필요한 것 말해, 내가 너희들에게 그것을 줄게.
necesitan	Los hombres viejos no necesitan consejos.	나이가 많은 사람들은 충고를 필요로 하지 않는다. (많은 경험이 있다.)

cumplir (완수하다) 직설법 현재

과거분사 **cumplido** / 현재분사 **cumpliendo**

cumplo	Cumplo 22 años el viernes que viene.	다음 주 금요일이면 나는 22살이 된다.
cumples	Si cumples tu promesa, mañana podrás irte.	네가 약속을 지키면, 너는 내일 갈 수 있다.
cumple	Mi abuela cumple hoy 90 años.	나의 할머니는 오늘 90세가 되셨다.
cumplimos	No te preocupes, siempre cumplimos con nuestra palabra.	걱정하지마, 우리들은 항상 우리가 한 말에 책임을 져.
cumplís	¿Es una tradición tomar tarta cuando cumplís años?	생일이 되면 케이크를 먹는 게 너희 관습이니?
cumplen	Parece difícil, pero siempre cumplen sus promesas.	어려운 것 같은데 그들은 항상 약속을 지킨다.

volver (돌아가다, 돌아오다) 직설법 현재

과거분사 **vuelto** / 현재분사 **volviendo**

vuelvo	Siempre que vuelvo al pueblo, me acuerdo de mi infancia.	시골에 갈 때마다 나는 항상 나의 어린 시절을 기억한다.
vuelves	¿Cuando vuelves del viaje a Canarias?	너는 여행에서 까나리아스로 언제 돌아오니? *Canarias: 스페인 남쪽에 있는 섬
vuelve	El mes que viene vuelve a subir el precio de la gasolina.	다음 주에 기름값이 다시 인상된다.
volvemos	Volvemos a casa después de la clase.	우리들은 수업이 끝난 후에 집으로 돌아간다.
volvéis	Si volvéis a verle, saludadle de mi parte.	너희들이 다시 그 사람을 보게 되면 나 대신 인사 전해 줘.
vuelven	Los estudiantes vuelven a clase en septiembre.	학생들은 9월에 학교로 돌아간다.

salir (나가다, 출발하다) 직설법 현재

과거분사 **salido** / 현재분사 **saliendo**

salgo	Salgo de casa a las ocho.	나는 8시에 집을 나선다.
sales	Si sales, deja la puerta abierta.	네가 나갈 때 문을 열어 두어라.
sale	Hoy no es su día, todo le sale mal.	오늘은 그의 날이 아니네, 되는 일이 없다.
salimos	Nosotros salimos solo los fines de semana.	우리들은 주말에만 외출한다.
salís	¿Qué hacéis cuando salís por la noche?	저녁에 나가면, 너희들은 뭐 하니?
salen	A veces las cosas baratas salen caras.	싼 게 비지떡이다.

pesar (무게가 나가다) 직설법 현재

과거분사 **pesado** / 현재분사 **pesando**

peso	Peso bastante, por lo tanto, necesito una dieta.	나는 과체중이라 다이어트가 필요하다.
pesas	Pesas demasiado y necesitas una cuerda más ancha para escalar.	너는 몸무게가 너무 많이 나가서 암벽 등반을 하려면 더 굵은 줄이 필요하다.
pesa	Esta vale en oro lo que pesa.	이건 굉장히 귀한 것이다.
pesamos	Pesamos demasiado, alguien debe salir del ascensor.	우리들이 무게가 너무 많이 나간다. 누군가 엘리베이터에서 내려야 한다.
pesáis	¿Cuánto pesáis? El puente no es muy seguro.	무게가 어떻게 되지요? 다리가 그다지 튼튼하지 않아요.
pesan	Estas manzanas pesan cien gramos cada una.	이 사과들은 하나에 100g이다.

interesar (관심을 가지게 하다) 직설법 현재

과거분사 **interesado** / 현재분사 **interesando**

intereso	Algunas veces me intereso por cosas poco importantes.	가끔 나는 별로 중요하지 않은 것에 관심이 있다.

interesas	Parece que le interesas mucho. Yo iría a hablar con ella.	너는 그녀한테 정말 관심이 많은 것 같다. 나라면 그녀와 얘기해 볼 텐데.
interesa	Me interesa mucho la Historia de España.	나는 스페인 역사에 관심이 많다.
interesamos	En Europa nos interesamos mucho por la política.	유럽에서 우리들은 정치에 관심이 많다.
interesáis	Si os interesáis tanto por ser ricos, tendréis que trabajar duro.	부자가 되는 일에 그토록 관심 있으면, 너희들은 열심히 일을 해야만 할 것이다.
interesan	Las chicas de hoy se interesan demasiado por su aspecto físico.	요즈음 여자 아이들은 지나치게 외모에 관심이 많다.

sonar (소리가 나다, 울리다) 직설법 현재

과거분사 **sonado** / 현재분사 **sonando**

sueno	Cuando hablo coreano, sueno un poco raro.	나는 한국말을 할 때, 발음을 조금 이상하게 한다.
suenas	Suenas muy graciosos cuando te ríes.	넌 웃을 때 아주 귀여워 보인다.
suena	Suena el despertador, ya es la hora de levantarte.	자명종이 울린다. 이제 일어나야 할 시간이다.
sonamos	En mi banda, sonamos parecido a The Beatles en los conciertos.	우리 밴드에서는 음악회 때 비틀즈와 비슷한 연주를 한다.
sonáis	Cuando tocáis música rock, sonáis muy bien.	록 음악을 연주할 때, 너희들은 멋진 소리를 낸다.
suenan	Sus caras nos suenan.	그들의 얼굴이 낯익다.

disponer (준비하다) 직설법 현재

과거분사 **dispuesto** / 현재분사 **disponiendo**

dispongo	Dispongo de muchos tipos de tomates en mi huerto.	우리 과수원은 여러 가지 다양한 토마토를 구비하고 있다.
dispones	Dispones las mesas para los invitados.	초대 손님을 위해 너는 식탁을 준비한다.
dispone	El país no dispone de vigilancia sísmica en tiempo real.	그 나라는 실시간 지진 관측을 구축하고 있지 않다.
disponemos	No disponemos de habitaciones libres hoy.	오늘 우리는 빈 방이 없다.
disponéis	Si no disponéis de tarjeta, podéis pagar en metálico.	만일 카드가 없으면, 너희들은 돈으로 내도 된다.
disponen	Algunos garajes disponen de servicio de limpieza de vehículos.	어떤 주차장들은 세차 서비스를 제공한다.

invitar (초대하다) 직설법 현재

과거분사 **invitado** / 현재분사 **invitando**

invito	Os invito a mi fiesta de cumpleaños el 19 de diciembre.	나는 너희들을 12월 19일 내 생일 파티에 초대한다.
invitas	¿Invitas a Marcelo a tu fiesta de cumpleaños ?	너는 마르셀로를 네 생일 파티에 초대할거니?
invita	Esta silla es tan cómoda que invita a sentarse	이 의자는 너무 편해서 앉고 싶은 마음이 들게 한다.

invitamos	Siempre invitamos a mis suegros a los cumpleaños de los niños.	우리들은 항상 아이들 생일 파티에 시부모님을 초대한다.
invitáis	Si invitáis a esos chicos, hay que comprar más refrescos.	너희들이 그 아이들을 초대하면, 음료수를 더 사야만 해.
invitan	Ellos nos invitan a comer a su casa a menudo.	그들은 우리들을 자주 집으로 식사 초대한다.

직설법 현재완료: **haber** 동사의 현재 + 과거분사

he	Ya he leído *El Quijote.*	나는 이미 '돈키호테'를 읽었다.
has	Hoy no has hecho nada.	너는 오늘 아무것도 하지 않았다.
ha	Nunca ha estado en Honduras.	그/그녀/당신은 온두라스에 가본 적이 없다.
hemos	Esta mañana hemos comido una tostada y un café con leche.	우리들은 오늘 아침에 밀크커피와 토스트 한 조각을 먹었다.
habéis	Todavía no habéis terminado la tarea.	너희들은 아직 과제를 마치지 못했다.
han	Ellos aún no han llegado a la reunión.	그들은 아직 회의에 도착하지 않았다.

ser (~이다) 직설법 단순과거

과거분사 **sido** / 현재분사 **siendo**

fui	Fui la más popular entre los chicos en esa época.	나는 그 시기에 남자 아이들 사이에서 제일 인기가 많았다.
fuiste	Siempre fuiste una persona muy cariñosa.	너는 항상 사랑스러운 사람이었다.
fue	El domingo pasado fue el aniversario de nuestra boda.	지난 일요일은 우리의 결혼 기념일이었다.
fuimos	Fuimos un poco descuidados y la comida no salió muy bien.	우리가 부주의해서 음식이 맛없게 되었다.
fuisteis	Los suizos fuisteis neutrales en la II Guerra Mundial.	너희 스위스 사람들은 2차 세계대전 때 중립이었다.
fueron	Los italianos fueron los creadores del Renacimiento.	이탈리아 사람들은 르네상스 창시자였다.

causar (야기하다, 불러일으키다) 직설법 단순과거

과거분사 **causado** / 현재분사 **causando**

causé	Cuando llegué a la fiesta, les causé muy buena impresión.	내가 파티에 도착했을 때, 나는 그들에게 아주 좋은 인상을 주었다.
causaste	Cuando quitaste aquel cartel, causaste un gran caos.	네가 그 포스터를 떼었을 때, 너는 큰 재앙을 몰고 온 거야.
causó	Me causó un trauma en el pasado.	내게 지난날의 트라우마가 떠올랐다.
causamos	Causamos el cambio climático.	우리들이 기후 변화를 야기시켰다.
causasteis	Aquel día causasteis muchas pérdidas a la empresa.	그날 너희들이 회사에 커다란 피해를 입혔다.
causaron	Los problemas que causaron los chicos son muy graves.	아이들이 야기시킨 문제는 아주 심각하다.

caer (떨어지다) 직설법 단순과거

» 과거분사 *caído* / 현재분사 *cayendo*

caí	Ayer caí en la cuenta de que hoy es tu cumpleaños.	오늘이 네 생일이라는 거 어제 알았어.
caíste	¿Te dolió mucho cuando te caíste?	넘어졌을 때 많이 아팠니?
cayó	Me cayó muy bien tu amigo.	난 네 친구가 너무 마음에 들었다.
caímos	Nos caímos por un terraplén, pero no nos pasó nada.	흙더미에서 넘어졌는데 우리들은 아무렇지도 않아. (다치지 않았어.)
caísteis	No caísteis en un buen sitio, por eso el salto fue peligroso.	너희들은 적절한 곳에 넘어지지 않았어. 점프가 위험했어.
cayeron	Ayer cayeron chuzos de punta.	어제 비가 무지하게 많이 왔다.

andar (걷다) 직설법 단순과거

» 과거분사 **andado** / 현재분사 **andando**

anduve	Ayer anduve por todas partes para conseguir una aspirina.	어제 나는 아스피린 한 알을 구하기 위해 사방으로 걸어 다녔다.
anduviste	¿Anduviste por la Diagonal cuando estuviste en Barcelona?	바르셀로나에 있을 때 디아고날 거리 구경했니?
anduvo	Creemos que el sospechoso anduvo por este camino.	우리들은 용의자가 이 길로 갔다고 생각한다.
anduvimos	Anduvimos a gatas para jugar al escondite.	우리들은 숨바꼭질 놀이를 하려고 살금살금 기어 다녔다.
anduvisteis	¿Por qué anduvisteis cantando?	너희들은 왜 노래를 부르면서 돌아 다녔니?
anduvieron	Los chicos anduvieron durante toda la noche, deja que descansen.	아이들은 밤새 걸었어, 쉬게 놔 둬.

marcar (득점하다, 골을 넣다) 직설법 단순과거

» 과거분사 **marcado** / 현재분사 **marcando**

marqué	Marqué dos goles, uno con la cabeza y el otro con el pie derecho.	나는 두 골을 넣었는데 한 골은 헤딩으로 또 다른 골은 오른발로 넣었다.
marcaste	¿A qué jugador marcaste durante el partido?	경기하는 동안 너는 어떤 선수를 수비했니?
marcó	Messi marcó tres goles(triplete) en el partido de ayer.	메시는 어제 경기에서 세 골(해트 트릭)을 넣었다.
marcamos	Ayer marcamos el dibujo, hoy tenemos que colorearlo.	어제 우리들은 스케치를 했고 오늘 색칠을 해야만 한다.
marcasteis	Marcasteis un tanto muy bonito con aquella jugada.	너희들은 정말 멋진 플레이를 선보였다.
marcaron	Los italianos fueron mucho mejores, marcaron la diferencia.	이탈리아 선수들은 굉장히 훌륭했어, 클래스가 달랐지.

perder (잃어버리다, 놓치다) 직설법 단순과거

과거분사 **perdido** / 현재분사 **perdiendo**

perdí	Perdí el anillo que me regaló mi novia.	나는 내 여자 친구가 선물해 준 반지를 잃어버렸다.
perdiste	Te perdiste un buen partido porque llegaste muy tarde.	너는 너무 늦게 도착해서 멋진 경기를 놓쳤다.
perdió	Francia perdió la semifinal contra España.	프랑스는 스페인에 준결승전에서 패했다.
perdimos	Perdimos los papeles porque bebimos mucho alcohol.	우리들은 술을 많이 마셔서 정신을 놓았다.
perdisteis	¿Perdisteis la cartera u os la robaron?	너희들은 지갑을 잃어버린 거니 아니면 도둑맞은 거니?
perdieron	Perdieron la memoria por un golpe en la cabeza.	머리에 받은 충격으로 기억을 잃었다.

tomar (잡다, 먹다, 마시다) 직설법 단순과거

과거분사 **tomado** / 현재분사 **tomando**

tomé	Tomé mucho pisco sour anoche con unos amigos.	나는 어제 밤 몇몇 친구들과 삐스꼬 사우어를 많이 마셨다.
tomaste	¿Te tomaste la medicina ayer?	너 어제 약 먹었니?
tomó	¿Quién se tomó ayer los yogures?	어제 누가 요구르트를 다 먹었어?
tomamos	Nos tomamos la venganza por nuestra mano.	우리 손으로 복수한다.
tomasteis	¿Cuántas copas os tomásteis anoche?	너희들은 어제 몇 잔이나 마신 거야? (술을 얼마나 마신 거야?)
tomaron	Ellos tomaron un taxi para no llegar tarde a la reunión.	그들은 회의에 늦지 않으려고 택시를 탔다.

estar (~에 있다, 이다) 직설법 단순과거

과거분사 **estado** / 현재분사 **estando**

estuve	Estuve pensando sobre mi futuro.	나는 나의 장래에 대해서 생각하고 있었다.
estuviste	¿Estuviste ayer en la conferencia?	어제 컨퍼런스에 있었니?
estuvo	La presidenta estuvo muy seria durante la conferencia.	대통령은 회의 중 아주 심각했다.
estuvimos	Estuvimos muy cerca de casa, pero decidimos seguir el camino.	우리들은 집 가까이 있었지만 가던 길을 계속 가기로 했다.
estuvisteis	Estuvisteis muy elegantes en la boda de Sergio.	너희들은 세르히오 결혼식장에서 너무 우아했다.
estuvieron	Estuvieron muy ordenados todos papeles, pero ahora están descolocados.	모든 서류가 아주 잘 정돈되어 있었는데 지금은 엉망으로 되어 있다.

poder (~할 수 있다) 직설법 단순과거

과거분사 **podido** / 현재분사 **pudiendo**

pude	Por fin pude conectar mi ordenador a internet.	마침내 나는 내 컴퓨터를 인터넷에 연결할 수 있었다.

pudiste	¿Cómo pudiste salir? Había mucha vigilancia.	너는 어떻게 빠져나올 수 있었어? 경비가 삼엄하던데.
pudo	Pudo salir corriendo porque tenía las zapatillas puestas.	신발을 신고 있었기 때문에 뛰어 나올 수 있었다.
pudimos	Pudimos mover la roca porque éramos muchos.	우리들이 여러 명이어서 그 바위를 움직일 수 있었다.
pudisteis	Si pudisteis comprarlo, es porque era barato.	너희들이 그것을 살 수 있었던 것은 쌌기 때문이다.
pudieron	Pudieron escapar porque los vigilantes estaban durmiendo.	경비들이 자고 있었기 때문에 도망칠 수 있었다.

probar (시험하다, ~해 보다) 직설법 단순과거

과거분사 **probado** / 현재분사 **probando**

probé	Probé una gran variedad de vinos españoles anteayer noche.	나는 그저께 밤에 아주 다양한 스페인 포도주를 먹어 보았다.
probaste	¿Cuándo probaste la comida coreana, te gustó?	한국 음식을 먹어 봤을 때 맛있었니?
probó	Mi amigo probó todos los tipos de chocolate de la tienda.	내 친구는 그 상점에 있는 모든 종류의 초콜렛을 다 먹어 봤다.
probamos	A veces probamos otras marcas, pero esta es nuestra favorita.	가끔 우리들은 다른 브랜드를 입어 보지만 이 상표가 우리가 제일 좋아하는 것이다.
probasteis	¿Os probasteis todos los vestidos?	너희들은 모든 옷을 다 입어 봤니?
probaron	Probaron las natillas y les gustaron mucho.	그들은 커스타드 파이를 먹어 보았는데 굉장히 마음에 들어 했다.

ir (가다) 직설법 단순과거

과거분사 **ido** / 현재분사 **yendo**

fui	Ayer fui a Valencia con unos amigos.	나는 어제 친구 몇 명하고 발렌시아에 갔다.
fuiste	¿Fuiste ayer a la clase de español?	너 어제 스페인어 수업에 갔었니?
fue	Josefa fue en bicicleta, por eso tardó poco.	호세파는 자전거를 타고 가서 시간이 좀 걸렸다.
fuimos	Fuimos a Tokio en un vuelo barato.	우리들은 저가 항공으로 도쿄에 갔다.
fuisteis	¿Cómo fuisteis a la isla de Jeju?	너희들은 제주도에 뭘 타고 갔어?
fueron	Los chicos fueron corriendo al hospital porque su amigo estaba herido.	아이들은 친구가 다쳐서 병원으로 뛰어 갔다.

escribir (쓰다) 직설법 단순과거

과거분사 **escrito** / 현재분사 **escribiendo**

escribí	Escribí varias cartas a mi amigo en el servicio militar.	나는 군 복무 중인 내 남자 친구에게 여러 통의 편지를 썼다.
escribiste	Me escribiste una carta muy interesante.	너는 나한테 아주 흥미로운 편지를 한 통 썼어.

escribió	Cervantes escribió muchos libros además de *El Quijote*.	세르반테스는 돈키호테 외에도 수많은 작품을 저술했다.
escribimos	En la oficina escribimos más de cien informes aquel día.	우리는 그날 사무실에서 100건 이상의 보고서를 작성했다.
escribisteis	Cuando escribisteis vuestro nombre en la pared, fue muy bonito.	너희들이 벽에 너희 이름을 썼을 때 너무 멋있었어.
escribieron	Los griegos escribieron muchos tratados de medicina.	그리스 사람들은 의학에 대해 많은 연구 논문을 저술했다.

saber (알다) 직설법 불완료과거

과거분사 **sabido** / 현재분사 **sabiendo**

sabía	Ella no sabía que Jorge ya se casó.	그녀는 호르헤가 이미 결혼했다는 것을 모르고 있었다.
sabías	¿Sabías que los chinos inventaron la pólvora?	너는 중국 사람들이 화약을 발명한 것을 알고 있었니?
sabía	Nadie sabía dónde estaban las llaves.	열쇠가 어디에 있었는지 아무도 몰랐다.
sabíamos	Ya sabíamos que lo conseguirías, ¡enhorabuena!	우리는 이미 네가 그것을 해 낼 줄 알았어, 축하해!
sabíais	Algunos de los que estabais allí no sabíais que era un ensayo.	거기에 있었던 너희들 중 몇몇은 리허설이라는 것을 몰랐다.
sabían	Algunos médicos egipcios sabían hacer operaciones quirúrgicas.	이집트의 몇몇 의사들은 외과 수술을 할 줄 알았다.

jugar (놀다) 직설법 불완료과거

과거분사 **jugado** / 현재분사 **jugando**

jugaba	Cuando era niño, jugaba al *'Gran Bonete'*.	나는 어린 아이였을 때 '그란 보네떼'라는 놀이를 하곤 했다.
jugabas	¿A qué jugabas cuando te aburrías?	너는 지루할 때면 뭘 하면서 놀았어?
jugaba	El chico jugaba al baloncesto con su padre.	그 소년은 아버지와 농구를 하곤 했다.
jugábamos	Jugábamos mucho a las cartas durante el servicio militar.	우리들은 군 복무 기간 중에 카드 게임을 많이 하곤 했다.
jugabais	¿Jugabais al fútbol grande o al fútbol sala?	너희들은 축구 경기를 하곤 했니 아님 풋살 경기를 하곤 했니?
jugaban	Las niñas jugaban mucho a la comba en aquel parque.	소녀들은 저 공원에서 줄넘기를 많이 하곤 했다.

querer (원하다, ~하고 싶다) 직설법 불완료과거

과거분사 **querido** / 현재분사 **queriendo**

quería	Quería decirte que te echo de menos.	네가 보고 싶다고 말하고 싶었다.
querías	¿Qué querías decir cuando nos fuimos ayer?	어제 우리가 갔을 때 너는 뭘 말하고 싶었던 거야?
quería	Aquella mujer quería decir algo, pero al final se marchó.	저 여자가 뭔가를 말하고 싶어 했는데 결국 그냥 가 버렸다.

queríamos	Queríamos comer Gimbap, pero había demasiada gente.	우리는 김밥을 먹고 싶었지만 사람들이 너무 많았다.
queríais	Queríais iros, pero os tuvisteis que quedar más.	너희들은 가고 싶어했지만 더 머물러 있어야만 했다.
querían	Tus padres te querían mucho.	너의 부모님은 너를 무척이나 사랑하셨어.

poder (~을 할 수 있다) 직설법 불완료 과거

과거분사 **podido** / 현재분사 **pudiendo**

podía	No podía hacer otra cosa entonces.	나는 그 당시에 다른 것은 할 수 없었다.
podías	Podías haber terminado los deberes un poco antes.	너는 조금 더 일찍 숙제를 끝낼 수도 있었다.
podía	Cuando se lo dijeron, Julio no podía creerlo.	그들이 훌리오에게 그것을 말했을 때, 훌리오는 그것을 믿을 수 없었다.
podíamos	Podíamos haber ido por el otro túnel para llegar antes.	우리들이 먼저 도착하기 위해서 다른 터널로 갈 수도 있었다.
podíais	No os llamamos porque nos dijeron que no podíais venir.	그 사람들이 우리한테 너희들이 올 수 없다고 말해서 너희들한테 전화 안 했다.
podían	Los romanos podían haber conquistado el norte de Europa, pero no lo hicieron.	로마인들은 북유럽을 정복할 수 있었지만 하지 않았다.

ver (보다) 직설법 미래

과거분사 **visto** / 현재분사 **viendo**

veré	El espectáculo es muy tarde, no sé si lo veré.	쇼가 너무 늦은 시간이라 보게 될 지 나는 잘 모르겠다.
verás	Desde aquí lo verás mejor.	여기서 너는 그것을 더 잘 볼 수 있을 거야.
verá	Ya verá cómo me olvida.	당신이 나를 어떻게 잊어버리는지 보게 될 거야.
veremos	Veremos muy pronto cuál es el problema.	뭐가 문제인지 우리는 곧 알게 될거야.
veréis	Veréis cómo no se atreve a escalar aquella montaña.	너희들은 저 암벽을 오를 용기가 없다는 것을 알게 될 거야.
verán	Ellos verán lo que hacen, pero no estoy de acuerdo.	그들은 자기들이 하는 것을 알게 되겠지만 난 상관없어.

usar (사용하다) 직설법 미래

과거분사 **usado** / 현재분사 **usando**

usaré	Me llevo las dos maletas al viaje porque las usaré.	나는 여행에 사용할 가방 두 개를 가져간다.
usarás	¿Usarás el vestido negro esta noche?	오늘 밤에 그 검정색 원피스 입을 거니?
usará	España usará los fondos de la Unión Europea contra el paro.	스페인은 실업 방지를 위해 유럽연합 기금을 사용할 것이다.
usaremos	Creo que usaremos el metro porque es más rápido que el autobús.	나는 우리가 지하철을 이용할 거라고 생각한다. 왜냐하면 버스보다는 지하철이 빠르기 때문이다.
usaréis	¿Mañana usaréis el coche para ir a Sevilla?	내일 세비야에 가는데 너희들은 차를 이용할 거니?

usarán	Los médicos usarán todos los medios a su alcance.	의사들은 할 수 있는 모든 방법을 다 사용할 것이다.

ayudar (도와주다) 직설법 미래

▶ 과거분사 **ayudado** / 현재분사 **ayudando**

ayudaré	Siempre ayudaré a quien me pida ayuda.	나는 나한테 도움을 요청하는 사람을 항상 도와줄 거야.
ayudarás	Cuando Juan te pida ayuda, ¿le ayudarás?	후안이 도와달라고 하면, 후안을 도와줄거니?
ayudará	Dios me ayudará.	하나님이 나를 도와주실 거야.
ayudaremos	No os preocupéis, os ayudaremos con la mudanza.	너희들은 걱정하지마, 우리가 너희들이 이사하는 것을 도와줄게.
ayudaréis	¿Nos ayudaréis con los exámenes mañana?	내일 시험 있는데 너희들이 우리들을 도와줄 거니?
ayudarán	Si hay algún problema, los de la Embajada nos ayudarán.	만약 문제가 있으면, 대사관 직원들이 우리를 도와줄 거야.

ir (가다) 직설법 미래

▶ 과거분사 **ido** / 현재분사 **yendo**

iré	Iré a Perú para tener un negocio.	나는 비즈니스 차 페루에 갈 것이다.
irás	No tienes elección, irás donde te manden.	너는 선택권이 없어, 너를 보내는 곳에 가게 될 거야.
irá	La crisis irá disminuyendo en los próximos años.	몇 년 안에 위기가 조금씩 감소될 것이다.
iremos	Iremos donde nos lleve el destino.	운명이 이끄는 대로 우리는 갈 것이다.
iréis	A medida que os hagáis mayores, iréis comprendiendo muchas cosas.	너희가 성인이 됨에 따라, 너희들은 많은 것들을 점점 이해하게 될 거야.
irán	Seguramente ellos irán por el camino más corto.	틀림없이 그들은 가장 빠른 길로 갈 거야.

ser (~이다) 직설법 미래

▶ 과거분사 **sido** / 현재분사 **siendo**

seré	Me gusta mucho la clase de matemáticas, de mayor seré profesor.	나는 수학 수업이 너무 좋다, 커서 선생님이 될 것이다.
serás	Si te esfuerzas, en el futuro serás lo que tú quieras.	열심히 노력하면, 너는 나중에 네가 원하는 사람이 될 것이다.
será	Será fácil aprender español.	스페인어를 배우는 것은 쉬울 것이다.
seremos	Cuando nos casemos, seremos mucho más felices.	우리가 결혼하면, 우리들은 훨씬 더 행복할 것이다.
seréis	Si seguís trabajando duro, seréis recompensados.	너희들이 계속해서 열심히 일을 하면, 너희들은 대가를 받을 것이다.
serán	Los últimos serán los primeros.	나중 된 자가 먼저 된 자가 될 것이다.

cocnocer (알다) 직설법 미래

과거분사 **conocido** / 현재분사 **conociendo**

conoceré	Conoceré a tu padre dentro de una semana.	일주일 안에 나는 네 아버지를 알게 될 것이다.
conocerás	Si no te esfuerzas en la vida, conocerás muy bien la derrota.	살면서 열심히 노력하지 않으면, 너는 패배를 경험하게 될 것이다.
conocerá	El estudiante conocerá a su profesor de español mañana.	그 학생은 내일 자신의 스페인어 선생님을 알게 될 것이다.
conoceremos	Después del concurso, conoceremos al ganador.	경연대회가 끝나고 나면 우승자를 알게 될 것이다.
conoceréis	Si llegáis pronto mañana, conoceréis a mi hermano.	내일 일찍 도착하면, 너희들은 우리 오빠를 알게 될 것이다.
conocerán	Los estudiantes conocerán mañana al profesor nuevo.	학생들은 내일 새로운 선생님을 알게 될 것이다.

echar (던지다) 직설법 미래

과거분사 **echado** / 현재분사 **echando**

echaré	Te echaré de menos. Espero que nos veamos pronto.	네가 그리울 거야. 우리가 곧 보게 되기를 바랄게.
echarás	¿Cuándo echarás a esa mosca tan molesta?	넌 언제 그 귀찮은 파리를 쫓아 버릴 거니?
echará	Va a ir al jardín y allí echará el abono.	그는 정원으로 가서 거기서 비료를 뿌릴 것이다.
echaremos	Echaremos más gasolina cuando el indicador se encienda.	우리들은 계기판에 불이 들어오면 기름을 더 넣을 것이다.
echaréis	Si vais a ver esa obra de teatro, os echaréis unas risas.	너희들이 그 연극을 보면, 웃음이 터질 것이다.
echarán	Ellos te echarán de menos.	그들은 너를 보고 싶어 할 거야.

tener (소유하다) 직설법 미래

과거분사 **tenido** / 현재분사 **teniendo**

*tener que 동사원형: ~을 해야만 한다.

tendré	Se ha roto la lámpara, mañana tendré que arreglarla.	램프가 깨졌다. 내일 나는 램프를 고쳐야만 한다.
tendrás	Si sigues con esa conducta, tendrás problemas.	네가 계속 그렇게 행동하면, 넌 어려움을 겪게 될 것이다.
tendrá	Para no llegar tarde, Enrique tendrá que salir pronto.	늦게 도착하지 않기 위해서 엔리께는 일찍 출발해야만 할 것이다.
tendremos	Tendremos que volver a Corea lo antes posible.	우리는 가능한 빨리 한국으로 돌아가야만 할 것이다.
tendréis	Tendréis que volver a Colombia cuanto antes.	우리는 가능한 빨리 콜롬비아로 돌아가야만 할 것이다.
tendrán	Mis tíos tendrán que preparar muchas cosas para la boda de su hijo.	우리 삼촌 부부는 아들 결혼식을 위해 많은 것들을 준비해야 한다.

contar (이야기 하다, 계산하다) 명령형

과거분사 **contado** / 현재분사 **contando**

cuenta	Cuéntanos tu infancia.	우리들에게 네 유년 시절 이야기 좀 해 봐.

cuente	Cuéntenos cómo ha pasado.	어떻게 지냈는지 우리에게 얘기해 주세요.
contemos	Cuando os contemos lo que nos ha pasado, no lo váis a creer.	우리에게 일어난 일을 너희들한테 얘기하면, 너희들은 그것을 믿지 않을 거야.
contad	Contad vosotros aquellos paquetes y nosotros contamos estos.	너희들은 저 상자들의 수를 세어 보거라, 우리들은 이것들을 세어 볼게.
cuenten	Cuéntennos sus problemas y terminemos la reunión.	당신들의 문제점을 말해 보세요, 그리고 회의 끝냅시다.

esperar (기다리다, 기대하다) 명령형

과거분사 **esperado** / 현재분사 **esperando**

espera	Espérame un momento, por favor.	잠깐만 기다려줘.
espere	Espere hasta que yo le dé mi respuesta.	내가 답을 드릴 때까지 기다려 주세요.
esperemos	Esperemos a Ana en la estación, tendremos suficiente tiempo para ir a la clase.	역에서 아나를 기다리자, 수업에 갈 시간이 충분할 거야.
esperad	Esperad ahí, el encargado vendrá en un momento.	너희들은 거기서 기다려, 책임자가 곧 올 거야.
esperen	Esperen un tiempo oportuno para encontrar trabajo.	일자리를 구하기 위해서는 적당한 때를 기다려 주세요.

dar (주다) 명령형

과거분사 **dado** / 현재분사 **dando**

da	Dale recuerdos de mi parte a Daniel.	다니엘한테 내 안부 전해 줘.
dé	Javier, deme la sal.	하비에르, 소금 좀 건네 주세요.
demos	Ojalá demos en el clavo.	우리가 적중하면 좋겠다.
dad	Dad pan a los hambrientos y agua a los sedientos.	너희들은 굶주린 사람들에게는 빵을 주고 목마른 사람들에게는 물을 줘라.
den	Id a la cocina para que os den un poco de agua	저들이 너희들에게 물을 주도록 부엌으로 가거라.

poner (놓다) 명령형

과거분사 **puesto** / 현재분사 **poniendo**

pon	Pon el florero encima de la mesa.	탁자 위에 꽃병을 놔 둬.
ponga	Ponga el verbo adecuado entre paréntesis.	괄호 안에 알맞은 동사를 넣으세요.
pongamos	Pongamos una vela en honor de todos los desaparecidos.	행방불명된 모든 사람들을 위해 촛불을 켜자.
poned	Poned las cosas encima de la mesa, luego las ordeno.	너희들은 탁자 위에 물건들을 놓거라, 나중에 내가 그것들을 정리할게.
pongan	Pónganse todos en el mismo lado para que no impidan el paso a los demás.	다른 사람들의 통행을 방해하지 않게 모든 것을 한쪽으로 놓아 주세요.

sacar (꺼내다) 명령형

과거분사 **sacado** / 현재분사 **sacando**

saca	Saca buenas notas y te compraré lo que quieras.	좋은 점수를 받으면 네가 원하는 것을 사 줄게.
saque	Saque las cosas de la maleta antes de dormir.	잠자기 전에 가방에서 물건들을 꺼내세요.
saquemos	Saquemos nuestro dinero del banco.	은행에서 우리 돈을 인출하자.
sacad	¡Sacad pecho y adelante!	가슴을 내밀고 앞으로!
saquen	Saquen el libro de la mochila, por favor.	가방에서 책을 꺼내 주세요.

quitar (치우다) 명령형

과거분사 **quitado** / 현재분사 **quitando**

quita	Quita la mano.	손 치워.
quite	Quite la mancha de vinto tinto, por favor.	적포도주 얼룩을 제거해 주세요.
quitemos	Cuando quitemos las manchas de café, la ropa parecerá nueva.	우리가 커피 얼룩을 지우면 옷이 새것처럼 보일 거야.
quitad	Quitad la piedra, es peligroso.	너희들은 돌을 치워라, 위험하다.
quiten	Quiten esa motocicleta para poder pasar.	지나갈 수 있도록 오토바이를 치워 주세요.

pasar (통과하다, 건네주다) 명령형

과거분사 **pasado** / 현재분사 **pasando**

pasa	Pásame la pimienta, por favor.	후추 좀 나한테 건네 줘.
pase	Páseme la sal, la sopa está sosa.	소금 좀 나한테 건네 줘, 수프가 싱거워.
pasemos	Pasemos por otro camino, y cuando lleguemos, todo habrá terminado.	다른 길로 가자, 우리가 도착하면 다 끝나 있을 수 있다.
pasad	Pasad por la puerta de atrás, por la delantera no se puede.	뒤에 있는 문으로 가, 앞문으로는 갈 수 없다.
pasen	Que pasen un buen fin de semana.	여러분이/그들이 주말 잘 지내기를 바랍니다.

decir (말하다) 명령형

과거분사 **dicho** / 현재분사 **diciendo**

di	Dime, ¿qué estás pensando ahora?	나한테 말해 봐, 너 지금 무슨 생각을 하고 있어?
diga	Diga lo que diga esa carta, no me iré de aquí.	그 편지에 뭐라고 쓰여 있든지 간에 난 여기서 안 떠날 거야.
digamos	Digamos lo que digamos, ellos lo harán.	우리들이 어떻게 말하든지 간에 그들은 그것을 할 거야.
decid	Decid lo que queráis, estamos preparados.	너희들이 하고 싶은 말이 있으면 다 해, 우리들은 준비되어 있어.
digan	Digan lo que digan, esto es una locura.	그들이 무슨 말을 하든지 간에 이것은 미친 짓이다.

ser (~이다) 직설법 가정미래

과거분사 **sido** / 현재분사 **siendo**

sería	Sería maravilloso que pudieras venir a la fiesta de Carmen.	까르멘 파티에 네가 올 수 있으면 정말 멋질 거야.
serías	¿Serías tan amable de bajar un poco el volumen de la radio, por favor?	라디오 볼륨 좀 줄여 줄래요?
sería	Sería mejor cambiar el dinero en el aeropuerto.	공항에서 환전하는 것이 나을 것 같다.
seríamos	¡Seríamos tan felices si tuviéramos un perro!	강아지가 한 마리 있으면 우리들은 정말 행복할거야!
seríais	Seríais muy felices si Cecilia os diera una respuesta rápida.	세실리아가 답을 빨리 주면 너희들 너무 행복할 텐데.
serían	Serían las once de la noche.	아마 밤 11시였을 거야.

gustar (좋아하다) 직설법 가정미래

과거분사 **gustado** / 현재분사 **gustando**

gustaría/~n	Me gustaría sacar buenas notas.	나는 좋은 성적을 받고 싶다.
	¿Te gustaría comer algo picante?	매운 음식을 먹어 볼래요?
	¿Le gustaría ver la serie *Perdidos* conmigo?	나와 로스트 시리즈 볼래요?
	Nos gustaría quedarnos en casa porque estamos cansados.	우리들은 피곤해서 집에 있고 싶어요.
	¿Qué os gustaría recibir en Navidad?	너희들은 크리스마스에 뭘 받고 싶어?
	¿Les gustaría probarse un Hanbok?	당신들은 한복을 입어 보시겠어요?

poder (~을 할 수 있다) 직설법 가정미래

과거분사 **podido** / 현재분사 **pudiendo**

podría	¿Podría traernos la cuenta, por favor?	우리에게 계산서 좀 갖다 줄래요?
podrías	¿Podrías poner un poco más de salsa en mi bocadillo?	내 샌드위치에 소스 좀 더 넣어 줄래요?
podría	¿Me podría hacer un descuento?	할인을 좀 해 줄 수 있어요?
podríamos	Podríamos haber terminado el trabajo mucho antes si no te hubieras demorado.	네가 지체하지만 않았더라면 우리는 한참 전에 그 일을 끝낼 수 있었을 텐데.
podríais	¿No podríais pensar un poco más antes de hacer el trabajo?	너희들은 그 일을 하기 전에 조금만 더 생각해 볼 수 없을까?
podrían	Podrían haber cambiado de tren en la estación anterior.	전 역에서 기차를 바꿔 탈 수도 있었을 텐데.

querer (원하다, ~하고 싶다) 접속법 현재

과거분사 **querido** / 현재분사 **queriendo**

quiera	Que yo te quiera no significa que puedas hacer lo que quieras.	내가 너를 사랑하는 것이 네가 원하는 것을 할 수 있다는 것을 의미하는 것은 아니다.
quieras	Durante las comidas puedes comer todo lo que quieras.	식사 동안에는 너는 네가 원하는 것 모두 먹을 수 있다.
quiera	El que quiera venir mañana a la excursión, que prepare su mochila ahora.	내일 소풍 가기를 원하는 사람은 지금 가방을 준비해라.
queramos	Es posible que el mes que viene queramos ir a ver la Gran Muralla.	다음 달에 우리가 만리장성을 보러 가려는 것은 가능하다.
queráis	Coged toda la fruta que queráis, es gratis.	너희들이 원하는 과일은 모두 가져라, 공짜다.
quieran	Se pueden ir cuando quieran.	원할 때 아무 때나 갈 수 있다.

ver (보다) 접속법 현재

과거분사 **visto** / 현재분사 **viendo**

vea	Cuando te vea, te daré un gran abrazo.	내가 너를 만나게 되면, 내가 너를 꼭 안아 줄게.
veas	Cuando veas a Dolores, dile que me llame, por favor.	돌로레스를 보게 되면, 나한테 전화하라고 전해 줘.
vea	Espero que ella me vea pronto.	나는 그녀가 빨리 나를 보게 되기를 희망한다.
veamos	Veamos si esta teoría es cierta o está equivocada.	이 학설이 확실한지 아니면 틀린 건지 한 번 보자.
veáis	Es posible que veáis el paisaje si miráis por la ventanilla.	너희들이 창문을 보면 경치를 보는 것이 가능할 것이다.
vean	Pasen y vean nuestra maravillosa colección de relojes antiguos.	와서 우리가 수집한 골동품 시계들을 보세요.

tener (가지다) 접속법 현재

과거분사 **tenido** / 현재분사 **teniendo**

tenga	Que yo tenga dinero no significa que deba malgastarlo.	돈이 있는 것이 낭비하라는 걸 의미하지는 않는다.
tengas	Por mucha suerte que tengas, será difícil que te toque la lotería.	네가 아무리 운이 좋아도 복권에 당첨되는 것은 어려울 것이다.
tenga	El que tenga tiempo libre, que haga trabajo voluntario.	시간이 있는 사람은 자원봉사 해라.
tengamos	Espero que tengamos buena suerte en este viaje.	나는 우리가 이번 여행에서 행운이 따르기를 바란다.
tengáis	¿Mañana tenéis el examen final? Que tengáis mucha suerte.	내일 너희들 기말 시험 있지? 행운을 빈다.
tengan	Aquellos que tengan más prisa podrán viajar en el tren exprés.	시간이 없는 저분들은 고속철로 여행할 수 있을 것이다.

착! 붙는
스페인어
독학 첫걸음

초판 인쇄	2024년 3월 20일
초판 발행	2024년 3월 27일
저자	최윤국, 정호선
감수	Masete Pardo Alberto Javier
책임 편집	권이준, 김아영, 임세희
펴낸이	엄태상
디자인	권진희, 이건화
표지 일러스트	eteecy
콘텐츠 제작	김선웅, 장형진, 조현준
마케팅	이승욱, 왕성석, 노원준, 조성민, 이선민
경영기획	조성근, 최성훈, 김다미, 최수진, 오희연
물류	정종진, 윤덕현, 신승진, 구윤주
펴낸곳	시사북스
주소	서울시 종로구 자하문로 300 시사빌딩
주문 및 문의	1588-1582
팩스	0502-989-9592
홈페이지	http://www.sisabooks.com
이메일	book_etc@sisadream.com
등록일자	1977년 12월 24일
등록번호	제2014-000092호
ISBN	978-89-402-9394-2 (13770)